The
LITTLE
BLACK
BOOK
of

Published by
Wise Publications
14-15 Berners Street, London W1T 3LJ, UK.

Exclusive Distributors:
Music Sales Limited
Distribution Centre, Newmarket Road,
Bury St Edmunds, Suffolk IP33 3YB, UK.
Music Sales Pty Limited
Units 3-4, 17 Willfox Street, Condell Park, NSW 2200, Australia.

Order No. AM1006423
ISBN 978-1-78305-092-5
This book © Copyright 2013 Wise Publications,
a division of Music Sales Limited.

Unauthorised reproduction of any part of this
publication by any means including photocopying
is an infringement of copyright.

Edited by Adrian Hopkins.
Cover designed by Michael Bell Design.
Music produced by Shedwork.com
Printed in the EU.

Your guarantee of quality:
As publishers, we strive to produce every book to the highest commercial standards.
This book has been carefully designed to minimise awkward page turns
and to make playing from it a real pleasure.
Particular care has been given to specifying acid-free, neutral-sized paper made from
pulps which have not been elemental chlorine bleached.
This pulp is from farmed sustainable forests and was produced with special regard for the environment.
Throughout, the printing and binding have been planned to ensure a sturdy,
attractive publication which should give years of enjoyment.
If your copy fails to meet our high standards, please inform us and we will gladly replace it.

www.musicsales.com

CLASSIC SONGS for UKULELE

Wise Publications
part of The Music Sales Group

London / New York / Paris / Sydney / Copenhagen / Berlin / Madrid / Hong Kong / Tokyo

THE A TEAM
Ed Sheeran...6

ALL I HAVE TO DO IS DREAM
The Everly Brothers...12

ALL I WANT IS YOU
U2...9

ALONE AGAIN OR
Love...14

ANNIE'S SONG
John Denver...16

...BABY ONE MORE TIME
Britney Spears...18

BEHIND BLUE EYES
The Who...20

BIG YELLOW TAXI
Joni Mitchell...22

BLOWIN' IN THE WIND
Bob Dylan...24

BOHEMIAN LIKE YOU
The Dandy Warhols...26

BROWN EYED GIRL
Van Morrison...29

CALIFORNIA DREAMIN'
The Mamas & The Papas...32

CATCH THE WIND
Donovan...38

CHIQUITITA
ABBA...40

COMMON PEOPLE
Pulp...35

CREEP
Radiohead...42

DAYS
Kirsty MacColl...44

DON'T KNOW WHY
Norah Jones...46

DRIFTWOOD
Travis...48

ETERNAL FLAME
The Bangles...50

EVERYBODY'S TALKIN'
Nilsson...52

FAIRYTALE OF NEW YORK
The Pogues...54

FATHER AND SON
Cat Stevens...56

FIELDS OF GOLD
Eva Cassidy...59

FOLSOM PRISON BLUES
Johnny Cash...62

HALLELUJAH
Leonard Cohen...64

HEAVEN
Bryan Adams...80

HEY, SOUL SISTER
Train...66

HEY YA!
Outkast...68

HOLD ON
Tom Waits...72

HOW DEEP IS YOUR LOVE
The Bee Gees...76

HOUND DOG
Elvis Presley...78

I SAW HER STANDING THERE
The Beatles...86

IMAGINE
John Lennon...88

THE JOKER
Steve Miller Band...83

JOLENE
Dolly Parton...96

KILLING ME SOFTLY WITH HIS SONG
Roberta Flack...98

LAYLA
Eric Clapton...100

LET IT BE
The Beatles...102

LINGER
The Cranberries...90

LITTLE LION MAN
Mumford & Sons...93

LOUIE LOUIE
The Kingsmen...110

LOVIN' YOU
Minnie Riperton...112

MAD WORLD
Michael Andrews feat. Gary Jules...114

THE MAN WHO SOLD THE WORLD
Nirvana...116

(MARIE'S THE NAME) HIS LATEST FLAME
Elvis Presley...118

MMM MMM MMM MMM
Crash Test Dummies...120

MOON RIVER
Andy Williams...122

MOVIN' ON UP
Primal Scream...124

MRS. ROBINSON
Simon & Garfunkel...104

NOT FADE AWAY
Buddy Holly...126

NOTHING EVER HAPPENS
Del Amitri...107

THE PASSENGER
Iggy Pop...128

PEGGY SUE
Buddy Holly...134

PERFECT
Fairground Attraction...136

REDEMPTION SONG
Bob Marley...138

ROMEO AND JULIET
Dire Straits...131

SAILING
Rod Stewart...140

SAVE TONIGHT
Eagle Eye Cherry...146

SING
Travis...148

SIT DOWN
James...150

(SITTIN' ON) THE DOCK OF THE BAY
Otis Redding...152

SOMETHIN' STUPID
Frank & Nancy Sinatra...154

SONG FOR WHOEVER
The Beautiful South...143

SONGBIRD
Eva Cassidy...162

SPACE ODDITY
David Bowie...156

SUMMER OF '69
Bryan Adams...164

TAKE IT EASY
The Eagles...166

THAT'S ALL RIGHT
Elvis Presley...168

THERE IS A LIGHT THAT NEVER GOES OUT
The Smiths...170

THESE BOOTS ARE MADE FOR WALKING
Nancy Sinatra...172

TWIST AND SHOUT
The Beatles...174

VINCENT
Don MacLean...159

WALK OF LIFE
Dire Straits...176

WATERLOO SUNSET
The Kinks...178

WHERE THE WILD ROSES GROW
Nick Cave & Kylie Minogue...190

WILD WOOD
Paul Weller...180

WILD WORLD
Cat Stevens...182

YELLOW SUBMARINE
The Beatles...184

YOU'RE GORGEOUS
Baby Bird...186

ZIGGY STARDUST
David Bowie...188

The A Team

Words & Music by Ed Sheeran

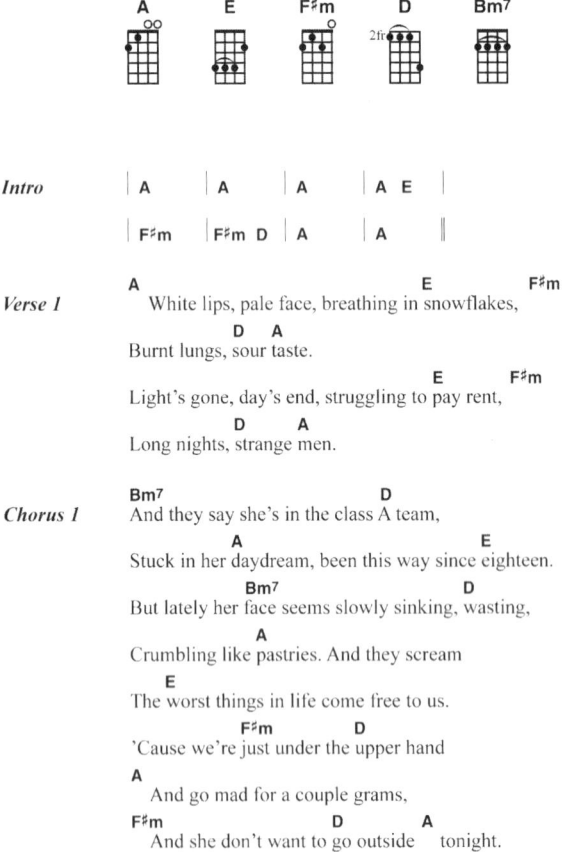

Intro | A | A | A | A E |
        | F#m | F#m D | A | A   ‖

Verse 1
```
           A                          E         F#m
   White lips, pale face, breathing in snowflakes,
         D    A
Burnt lungs, sour taste.
                               E        F#m
Light's gone, day's end, struggling to pay rent,
         D    A
Long nights, strange men.
```

Chorus 1
```
Bm7                           D
 And they say she's in the class A team,
         A                          E
Stuck in her daydream, been this way since eighteen.
        Bm7                            D
But lately her face seems slowly sinking, wasting,
             A
Crumbling like pastries. And they scream
     E
The worst things in life come free to us.
         F#m            D
'Cause we're just under the upper hand
A
  And go mad for a couple grams,
F#m                          D        A
  And she don't want to go outside   tonight.
```

cont.

```
          F#m                  D
         And in a pipe she flies to the Motherland
          A
            Or sells love to another man.
          F#m       D       A      E         F#m D  A
            It's too cold   outside    for angels to fly,
                 F#m D  A
         Angels to fly.
```

Verse 2

```
         A                                  E              F#m
         Ripped gloves, raincoat, tried to swim and stay afloat,
                D    A
         Dry house, wet clothes.
                                            E           F#m
         Loose change, bank notes, weary-eyed, dry throat,
                D    A
         Call girl, no phone.
```

Chorus 2

```
         Bm7                       D
         And they say she's in the class A team,
                   A                       E
         Stuck in her daydream, been this way since eighteen.
                    Bm7                        D
         But lately her face seems slowly sinking, wasting,
                     A
         Crumbling like pastries. And they scream
              E
         The worst things in life come free to us.
                F#m               D
         'Cause we're just under the upper hand
         A
           And go mad for a couple grams,
         F#m                  D              A
           And she don't want to go outside    tonight.
            F#m                 D
         And in a pipe she flies to the Motherland
         A
           Or sells love to another man.
         F#m         D      A         Bm7
           It's too cold   outside   for angels to fly.
```

7

Bridge

    Bm7   D   F#m
An angel will die covered in white,
              A
Closed eyed and hoping for a better life.
Bm7   D
This time, we'll fade out tonight,
          (F#m)
Straight down the line.

Instrumental ‖: F#m | D | A | A :‖

Chorus 3

Bm7   D
And they say she's in the class A team,
    A   E
Stuck in her daydream, been this way since eighteen.
             Bm7   D
But lately her face seems slowly sinking, wasting,
  A
Crumbling like pastries. And they scream
E
The worst things in life come free to us.
      F#m   D
And we're all under the upper hand
A
  And go mad for a couple grams,
F#m   D   A
  And we don't want to go outside   tonight.
      F#m   D
And in the pipe fly to the Motherland
A
  Or sell love to another man.
F#m   D   A   E   F#m D A
  It's too cold   outside   for angels to fly,
       F#m D A
Angels to fly,___
     F#m D   A
To fly,___   fly,___
           F#m D   A
For angels to fly, to fly, to fly,
E   A
Angels to die.

All I Want Is You

Words & Music by U2

To match original recording tune ukulele down one semitone

Intro

|: A | D :|
   (You)

Verse 1

    A   D   A   D
You say you want   diamonds on a ring of gold,___
       A Asus² A Asus²   A Asus² A Asus²
You say   you want
    A   Asus²   D Dsus²
Your story to remain untold.

Chorus 1

    D   F#m   D
But all the promises we make
       F#m   D   Dsus²
From the cradle to the grave,
     A Asus²   D Dsus² D
When all   I want   is you.___

Link 1

| A Asus² A Asus² A | D Dsus² D | A Asus² A Asus² A | D Dsus² D ||
                                                                            (You)

Verse 2

    A   D Dsus² A   D Dsus²
You say you'll give me a   highway with no - one on it,
A   D
Treasure, just to look upon it,
    A   D Dsus² D Dsus² D Dsus²
All the riches in the night.___

© Copyright 1988 Blue Mountain Music Limited (for the UK)/
Mother Music (for the Republic of Ireland)/
Universal International Music Publishing B.V. (for the rest of the world).
All Rights Reserved. International Copyright Secured.

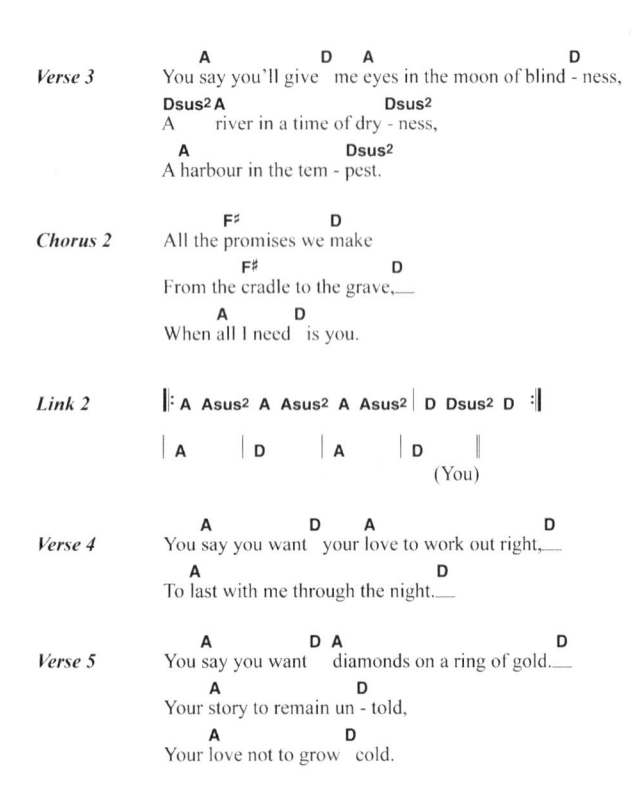

| | A   D A   D
Verse 3 | You say you'll give me eyes in the moon of blind - ness,
| | Dsus2 A   Dsus2
| | A   river in a time of dry - ness,
| | A   Dsus2
| | A harbour in the tem - pest.

| | F#   D
Chorus 2 | All the promises we make
| | F#   D
| | From the cradle to the grave,___
| | A   D
| | When all I need is you.

Link 2 ‖: A Asus2 A Asus2 A Asus2 | D Dsus2 D :‖

| A | D | A | D   ‖
                                  (You)

| | A   D A   D
Verse 4 | You say you want your love to work out right,___
| | A   D
| | To last with me through the night.___

| | A   D A   D
Verse 5 | You say you want diamonds on a ring of gold.___
| | A   D
| | Your story to remain un - told,
| | A   D
| | Your love not to grow cold.

10

Chorus 3
          F#m   D
All the promises we break
         F#m   D
From the cradle to the grave,___
    A   D
When all I want is you.

Link 3 ‖: A Asus2 A Asus2 A Asus2 | D Dsus2 :‖ *Play 4 times*

Interlude
    A Asus2 A Asus2 A Asus2 D Dsus2
‖: You,_____ all I want is___ :‖ *Play 3 times*
A Asus2 A Asus2 A Asus2 D Dsus2
You._____

Instrumental ‖: A Asus2 A Asus2 A Asus2 | D Dsus2 :‖ *Play 8 times*

| A | D   ‖

‖: A Asus2 | D   :‖ *Play 5 times*

Outro ‖: A | D | A | D :‖ *Repeat to fade*

All I Have To Do Is Dream

Words & Music by Boudleaux Bryant

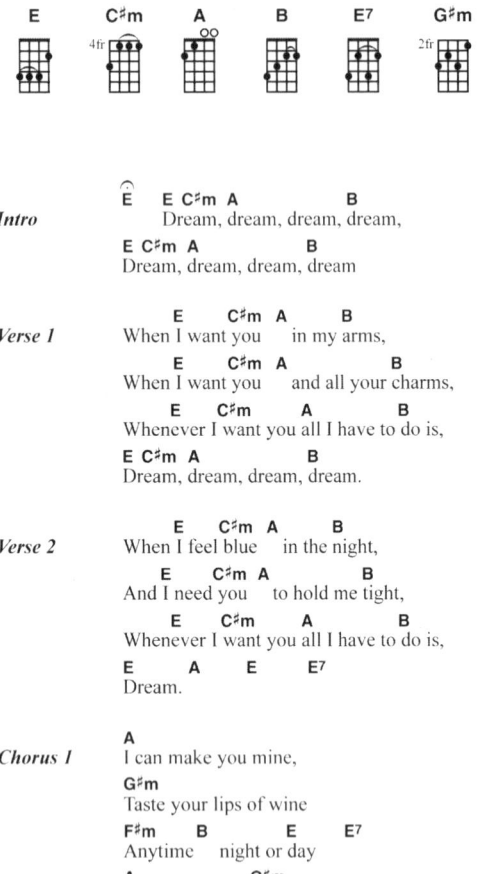

Intro
E E C#m A B
    Dream, dream, dream, dream,
E C#m A B
Dream, dream, dream, dream

Verse 1
    E C#m A B
When I want you   in my arms,
    E C#m A B
When I want you   and all your charms,
    E C#m A B
Whenever I want you all I have to do is,
E C#m A B
Dream, dream, dream, dream.

Verse 2
    E C#m A B
When I feel blue   in the night,
    E C#m A B
And I need you   to hold me tight,
    E C#m A B
Whenever I want you all I have to do is,
E A E E7
Dream.

Chorus 1
A
I can make you mine,
G#m
Taste your lips of wine
F#m B E E7
Anytime night or day
A G#m
Only trouble is, gee whiz
  F# B
I'm dreaming my life away.

© Copyright 1958 Sony/ATV Music Publishing.
All Rights Reserved. International Copyright Secured.

Verse 3

    E   **C♯m A**   **B**
I need you so   that I could die,
    E   **C♯m A**   **B**
I love you so   and that is why,
        E   **C♯m**   **A**   **B**
Whenever I want you all I have to do is
E C♯m A   **B**
Dream, dream, dream, dream,
E   **A**   **E**   **E7**
Dream.

Chorus 2

A
I can make you mine,
G♯m
Taste your lips of wine
F♯m   **B**   **E**   **E7**
Anytime   night or day
A   **G♯m**
Only trouble is,   gee whiz
  F♯   **B**
I'm dreaming my life away.

Verse 4

    E   **C♯m A**   **B**
I need you so   that I could die,
    E   **C♯m A**   **B**
I love you so   and that is why,
       E   **C♯m**   **A**   **B**
Whenever I want you all I have to do is
E C♯m A   **B**
Dream, dream, dream, dream,

E C♯m A   **B**
‖: Dream, dream, dream, dream. :‖   *Repeat to fade*

Alone Again Or

Words & Music by Brian MacLean

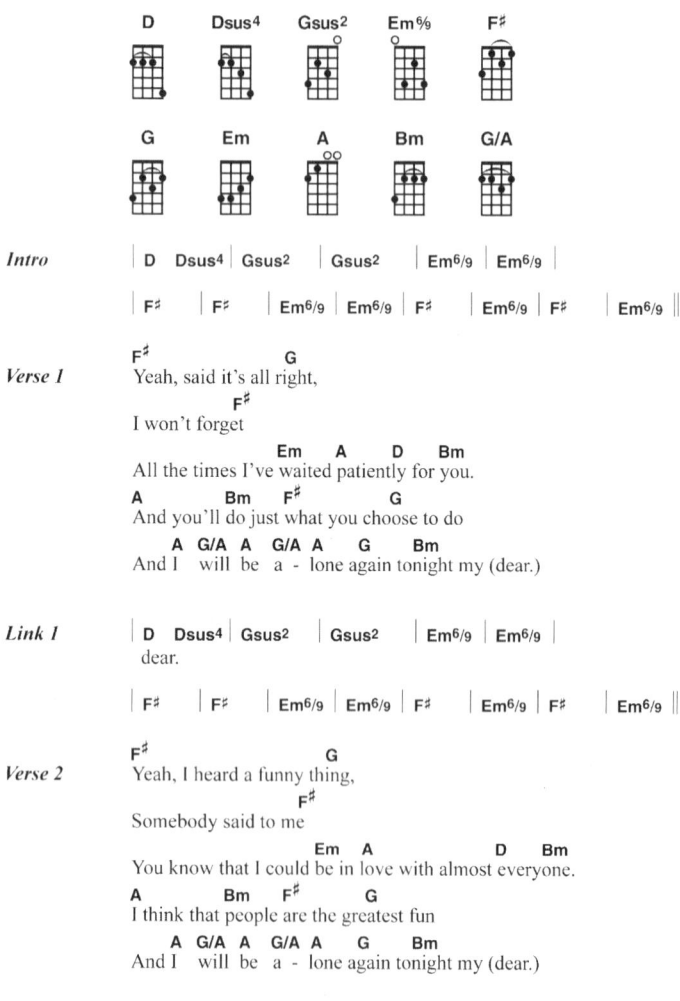

Intro | D Dsus4 | Gsus2 | Gsus2 | Em6/9 | Em6/9 |
| F# | F# | Em6/9 | Em6/9 F# | Em6/9 F# | Em6/9 ||

Verse 1

F#   G
Yeah, said it's all right,
     F#
I won't forget
           Em A   D   Bm
All the times I've waited patiently for you.
A   Bm   F#   G
And you'll do just what you choose to do
      A G/A A G/A A   G   Bm
And I will be a - lone again tonight my (dear.)

Link 1 | D Dsus4 | Gsus2 | Gsus2 | Em6/9 | Em6/9 |
dear.
| F# | F# | Em6/9 | Em6/9 F# | Em6/9 F# | Em6/9 ||

Verse 2

F#   G
Yeah, I heard a funny thing,
          F#
Somebody said to me
                      Em   A   D   Bm
You know that I could be in love with almost everyone.
A   Bm F#   G
I think that people are the greatest fun
      A G/A A G/A A   G   Bm
And I will be a - lone again tonight my (dear.)

© Copyright 1968 Three Wise Boys Music LLC/Breadcrust, USA.
Campbell Connelly & Company Limited.
All Rights Reserved. International Copyright Secured.

Link 2 | D Dsus⁴ | Gsus² | Gsus² | Em⁶/⁹ | Em⁶/⁹ |
dear.

| F♯ | F♯ | Em⁶/⁹ | Em⁶/⁹ | F♯ | Em⁶/⁹ | F♯ | Em⁶/⁹ ‖

Instrumental | F♯ | F♯ | G | G | F♯ | F♯ | Em | A |
| D | Bm | A | Bm | F♯ | G | G |
| A G/A A | A G/A A G/A | G Bm D ‖

Link 3 | D Dsus⁴ | Gsus² | Gsus² | Em⁶/⁹ | Em⁶/⁹ |

| F♯ | F♯ | Em⁶/⁹ | Em⁶/⁹ | F♯ | Em⁶/⁹ | F♯ | Em⁶/⁹ ‖

Verse 3
F♯   G
Yeah, I heard a funny thing,
        F♯
Somebody said to me
         Em A   D   Bm
You know that I could be in love with almost everyone.
A   Bm   F♯   G
I think that people are the greatest fun
   A G/A A G/A A   G   Bm
And I will be a - lone again tonight my (dear.)

Outro | D | Gsus² | Gsus² |
dear.

| Em⁶/⁹ | Em⁶/⁹ | Em⁶/⁹ | Em⁶/⁹ | Em⁶/⁹ ‖

Annie's Song

Words & Music by John Denver

D   Dsus4   G   A   Bm   F#m   Em   Asus4

Intro | D | Dsus4 | D | Dsus4 |
           | D | Dsus4 | D |

Verse 1

     Dsus4   G   A   Bm
You fill up my sen - ses____
        G   D   F#m   Bm
Like a night in a forest,____
        A   G   F#m Em
Like the mountains in spring time,____
    G   A   Asus4 A
Like a walk in the rain.____
       G   A   Bm
Like a storm in the de - sert,____
      G   D   F#m   Bm
Like a sleepy blue ocean.____
     A   G F#m Em
You fill up my sen - ses,____
    A   D   Dsus4 D
Come fill me a - gain.____

© Copyright 1974 FSMGI (IMRO)/Cherry Lane Music Publishing Company Incorporated, USA.
All rights for FSMGI (IMRO) Administered by State One Music Publishing Limited.
All Rights Reserved. International Copyright Secured.

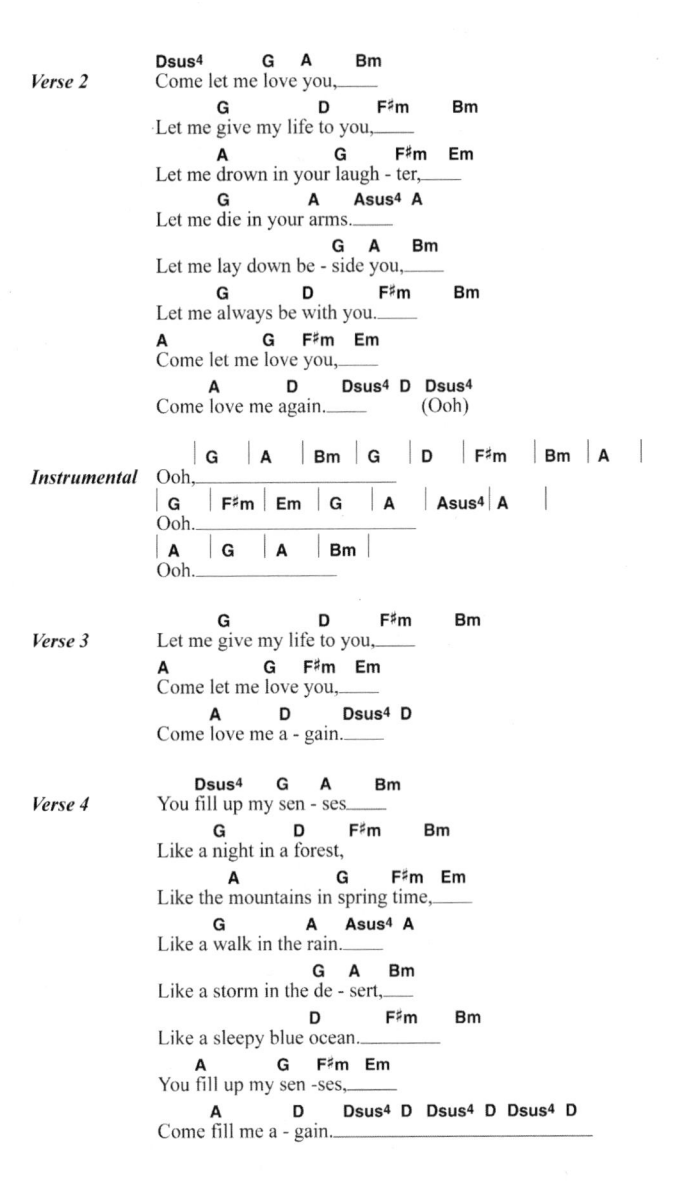

Verse 2

      Dsus4   **G**   **A**   **Bm**
Come let me love you,____
      G   **D**   **F#m**   **Bm**
Let me give my life to you,____
      A   **G**   **F#m**   **Em**
Let me drown in your laugh - ter,____
      G   **A**   **Asus4** **A**
Let me die in your arms.____
              G   **A**   **Bm**
Let me lay down be - side you,____
      G   **D**   **F#m**   **Bm**
Let me always be with you.____
A   **G**   **F#m** **Em**
Come let me love you,____
     A   **D**   **Dsus4** **D** **Dsus4**
Come love me again.____   (Ooh)

Instrumental

| G | A | Bm | G | D | F#m | Bm | A |
Ooh,____
| G | F#m | Em | G | A | Asus4 | A |
Ooh.____
| A | G | A | Bm |
Ooh.____

Verse 3

      G   **D**   **F#m**   **Bm**
Let me give my life to you,____
A   **G**   **F#m** **Em**
Come let me love you,____
     A   **D**   **Dsus4** **D**
Come love me a - gain.____

Verse 4

      Dsus4   **G**   **A**   **Bm**
You fill up my sen - ses____
      G   **D**   **F#m**   **Bm**
Like a night in a forest,
     A   **G**   **F#m** **Em**
Like the mountains in spring time,____
      G   **A**   **Asus4** **A**
Like a walk in the rain.____
          G   **A**   **Bm**
Like a storm in the de - sert,____
          D   **F#m**   **Bm**
Like a sleepy blue ocean.____
A   **G**   **F#m** **Em**
You fill up my sen -ses,____
     A   **D**   **Dsus4** **D** **Dsus4** **D** **Dsus4** **D**
Come fill me a - gain.____

...Baby One More Time

Words & Music by Max Martin

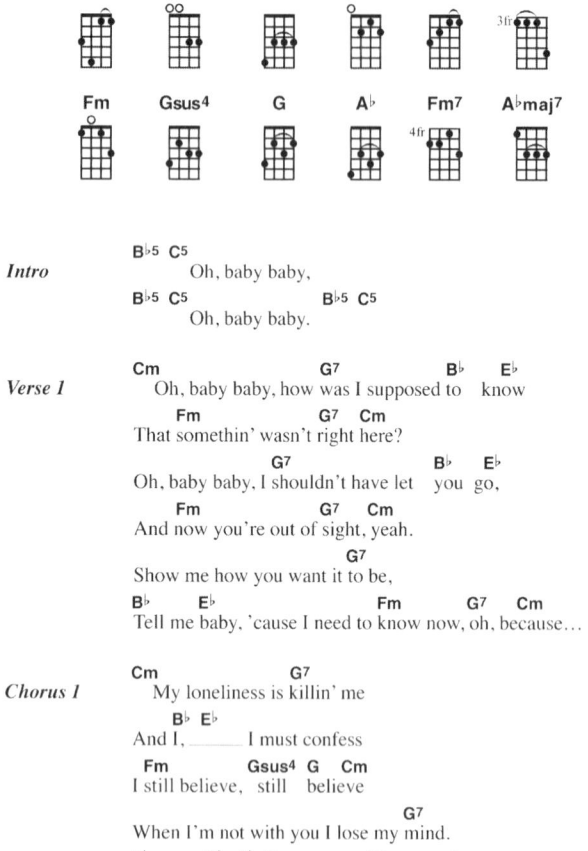

Intro

      Bb5 C5
          Oh, baby baby,
Bb5 C5   Bb5 C5
     Oh, baby baby.

Verse 1

    Cm   G7   Bb Eb
Oh, baby baby, how was I supposed to   know
    Fm   G7   Cm
That somethin' wasn't right here?
            G7   Bb Eb
Oh, baby baby, I shouldn't have let you go,
    Fm   G7   Cm
And now you're out of sight, yeah.
                   G7
Show me how you want it to be,
Bb   Eb   Fm   G7   Cm
Tell me baby, 'cause I need to know now, oh, because…

Chorus 1

    Cm   G7
   My loneliness is killin' me
   Bb Eb
And I, _____ I must confess
   Fm   Gsus4 G Cm
I still believe, still   believe
                           G7
When I'm not with you I lose my mind.
Ab   Bb Eb Fm   G7   Cm
Give me a sign, hit me baby one more time.

© Copyright 1998 Imagem London Limited.
All Rights Reserved. International Copyright Secured.

Verse 2

    Cm   **G7**   **B♭**   **E♭**
Oh, baby baby, the reason I breathe is you,
Fm   **G7 Cm**
Boy, you got me blinded.

                 G7   **B♭**   **E♭**
Oh pretty baby, there's nothing that I ___ wouldn't do,
  Fm   **G7**   **Cm**
It's not the way I planned it.

                G7
Show me how you want it to be,
B♭   **E♭**   **Fm**   **G7**   **Cm**
Tell me baby, 'cause I need to know now, oh, because…

Chorus 2

Cm   **G7**
My loneliness is killin' me
  B♭ E♭
And I, _____ I must confess
 Fm   **Gsus4 G Cm**
I still believe, still   believe

                    G7
When I'm not with you I lose my mind.
A♭   **B♭ E♭ Cm**   **G7**   **Cm**
Give me a sign, hit me baby one more time.

Middle

C5
Oh baby baby.
B♭5 **C5**
Oh, oh, oh baby baby.
           B♭5 **C5**
Ah yeah, yeah.
Cm   **G7**   **B♭**   **E♭** | **Fm Gsus4 G** |
Oh baby baby, how was I supposed to know?
A♭   **B♭**   **Fm7 A♭**
Oh pretty baby, I shouldn't have let you go. _____
B♭   **Cm**   **G7**
I must confess that my loneliness
      B♭   **E♭**
Is killin' me now,
        Fm   **Gsus4 G** **A♭**
Don't you know I still   believe
             B♭   **A♭maj7 E♭**
That you will be here and give me a sign.
Fm   **B♭**   **G7**
Hit me baby, one more time.

Chorus 3   ‖: As Chorus 1 :‖

Behind Blue Eyes

Words & Music by Pete Townshend

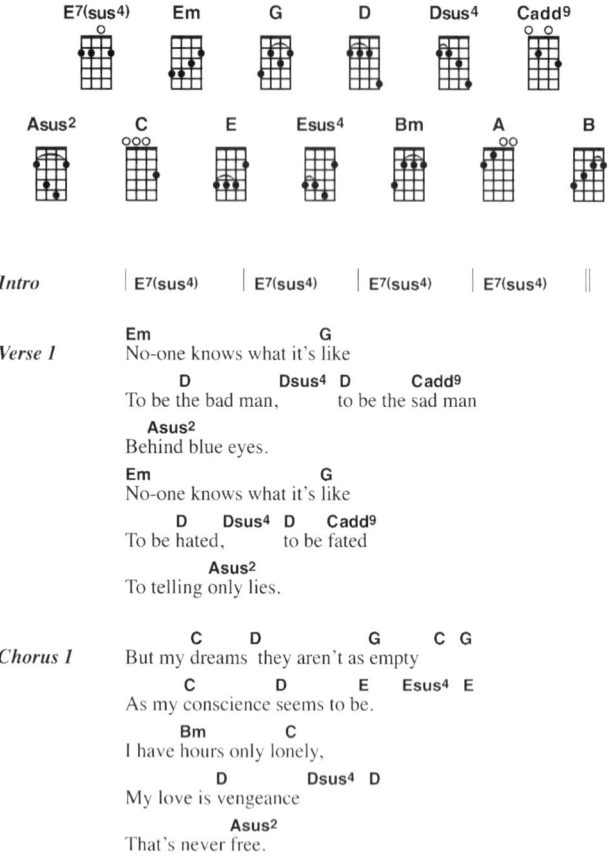

Intro | E7(sus4) | E7(sus4) | E7(sus4) | E7(sus4) ||

Verse 1
    Em   G
No-one knows what it's like
        D   Dsus4 D   Cadd9
To be the bad man,   to be the sad man
   Asus2
Behind blue eyes.
    Em   G
No-one knows what it's like
      D   Dsus4 D   Cadd9
To be hated,   to be fated
      Asus2
To telling only lies.

Chorus 1
         C   D   G   C G
But my dreams they aren't as empty
       C   D   E   Esus4 E
As my conscience seems to be.
    Bm   C
I have hours only lonely,
        D   Dsus4 D
My love is vengeance
       Asus2
That's never free.

© Copyright 1971 Fabulous Music Limited.
All Rights Reserved. International Copyright Secured.

Verse 2

Em **G**
No-one knows what it's like
　　　　　D **Dsus⁴ D**
To feel these feelings
　　Cadd⁹
Like I do
　　Asus²
And I blame you!
Em **G** **D** **Dsus⁴ D**
No-one bites back this hard on their anger,
　　Cadd⁹
None of my pain and woe
　　　Asus²
Can show through.

Chorus 2   As Chorus 1

Link 1 | E | Bm A | E | Bm A ‖

Bridge

E　　　**Bm**　**A**
When my fist clenches crack it open
E　**Bm**　**G**　**D**
Before I use it and lose my cool;
　　Bm　**A**　　　**D**
When I smile tell me some bad news
　　Bm　**A**　　**E Bm A**
Before I laugh and act like a fool.
E　**Bm**　**A**　**E**
And if I swallow anything evil
　Bm　**G**　**D**
Put your finger down my throat;
　　Bm　　**A**　　**D**
And if I shiver please give me a blanket,
　　Bm　　**A**　　　**E Bm A E Bm A**
Keep me warm, let me wear your coat.

Link 2 | B | A G D | B | A G D |

　　　　　| B | A G D | B | B   ‖

Coda

Em　　　　　　**G**
No-one knows what it's like
　　D　**Dsus⁴ D**　**Cadd⁹**
To be the bad man,　　to be the sad man,
　Asus²
Behind blue eyes.

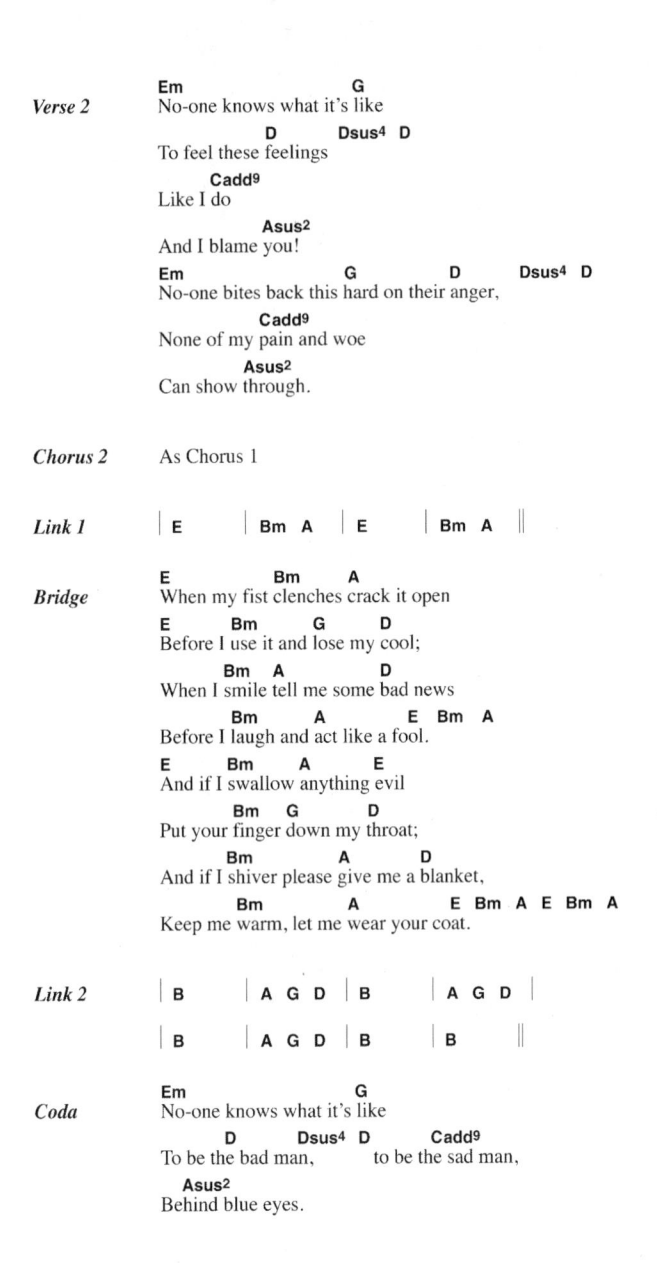

Big Yellow Taxi

Words & Music by Joni Mitchell

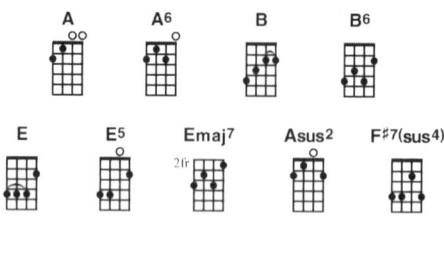

Intro | A A6 | A A6 | B B6 | B B6 |
| E | E | E | E   ‖

Verse 1
       A   **E**
They paved paradise and put up a parking lot
     A
With a pink hotel,
 B   **E**
A boutique and a swinging hot-spot.

Chorus 1
E5   **Emaj7**
Don't it always seem to go
         Asus2   **F#7(sus4)** **E**
That you don't know what you've got   till it's gone.
     A   **A6** **B**   **B6**   **E**
They paved paradise, put up a parking lot.

Choo ba ba ba ba, choo ba ba ba ba.

Verse 2
      A   **E**
They took all the trees and put them in a tree museum
         A
And they charged the people
B   **E**
A dollar and a half just to see 'em.

Chorus 2   As Chorus 1

© Copyright 1970 (Renewed) Crazy Crow Music, USA.
Sony/ATV Music Publishing.
All Rights Reserved. International Copyright Secured.

Verse 3
    A   **E**
Hey farmer, farmer, put away that DDT now,
    A
Give me spots on apples
B   **E**
But leave me the birds and the bees, please!

Chorus 3   As Chorus 1

Verse 4
    A   **E**
Late last night I heard the screen door slam
    A
And a big yellow taxi
B   **E**
Took away my old man.

Chorus 4   As Chorus 1

Chorus 5
       E⁵   **Emaj⁷**
I said, don't it always seem to go
          Asus²   **F♯⁷(sus⁴)**   **E**
That you don't know what you've got   till it's gone.
    A   **A⁶**   **B**   **B⁶**   **E**
They paved paradise, put up a parking lot.

Choo ba ba ba ba,
    A   **A⁶**   **B**   **B⁶**   **E**
They paved paradise, put up a parking lot.

Choo ba ba ba ba.
    A   **A⁶**   **B**   **B⁶**   **E** | **E** ||
They paved paradise, put up a parking lot.

Blowin' In The Wind

Words & Music by Bob Dylan

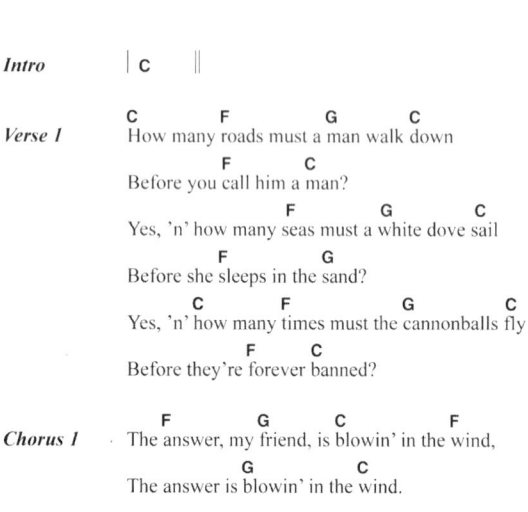

Intro | C ||

Verse 1
      C   F   G   C
How many roads must a man walk down
         F   C
Before you call him a man?
                     F   G   C
Yes, 'n' how many seas must a white dove sail
     F   G
Before she sleeps in the sand?
         C   F   G   C
Yes, 'n' how many times must the cannonballs fly
        F   C
Before they're forever banned?

Chorus 1
      F   G   C   F
The answer, my friend, is blowin' in the wind,
          G   C
The answer is blowin' in the wind.

Link 1 | F G | C F | F G | C ||

© Copyright 1962 Special Rider Music.
All Rights Reserved. International Copyright Secured.

Verse 2   C   F   G   C
How many years can a mountain exist
           F   C
Before it is washed to the sea?
                  F   G   C
Yes, 'n' how many years can some people exist
           F   G
Before they're allowed to be free?
     C   F   G   C
Yes, 'n' how many times can a man turn his head,
         F   C
Pretending he just doesn't see?

Chorus 2   As Chorus 1

Link 2 | F G | C F | F G | C ||

Verse 3   F   G   C
How many times must a man look up
          F   C
Before he can see the sky?
                  F   G   C
Yes, 'n' how many ears must one man have
           F   G
Before he can hear people cry?
     C   F   G   C
Yes, 'n' how many deaths will it take till he knows
           F   C
That too many people have died?

Chorus 3   As Chorus 1

Coda | F G | C F | F G | C ||

Bohemian Like You

Words & Music by Courtney Taylor-Taylor

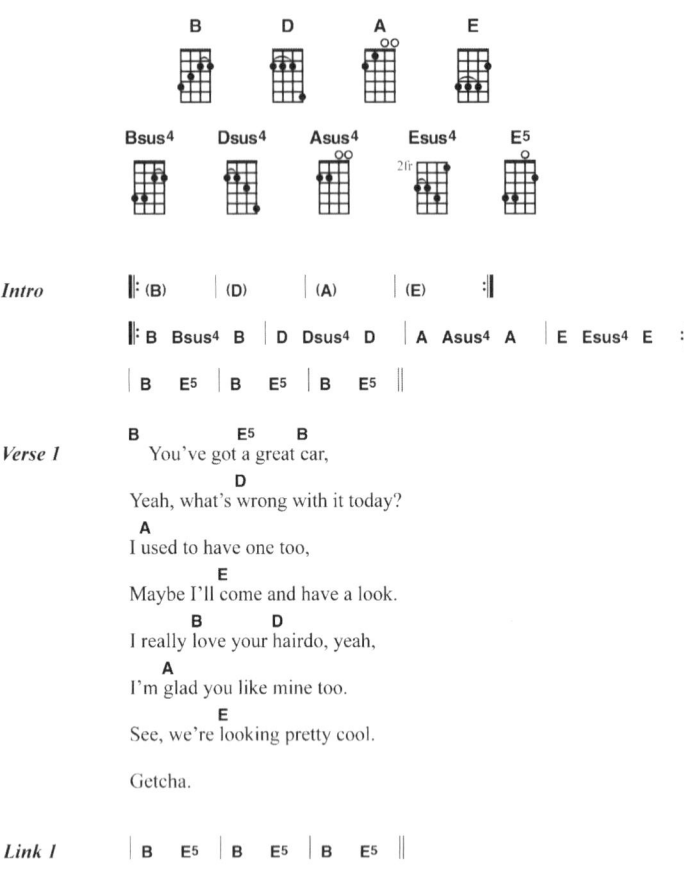

Intro   ‖: (B) | (D) | (A) | (E) :‖

‖: B   Bsus⁴   B | D   Dsus⁴   D | A   Asus⁴   A | E   Esus⁴   E :‖

| B   E⁵ | B   E⁵ | B   E⁵ ‖

Verse 1

     B   E⁵   B
You've got a great car,
                 D
Yeah, what's wrong with it today?
  A
I used to have one too,
       E
Maybe I'll come and have a look.
  B   D
I really love your hairdo, yeah,
  A
I'm glad you like mine too.
       E
See, we're looking pretty cool.

Getcha.

Link 1 | B   E⁵ | B   E⁵ | B   E⁵ ‖

© Copyright 2000 Chrysalis Music Limited.
All Rights Reserved. International Copyright Secured.

Verse 2

    B   E5 B
So what do you do?
       D
Oh yeah, I wait tables too.
  A
No, I haven't heard your band
      E
'Cause you guys are pretty new.
     B   D
But if you dig on vegan food
     A
Well, come over to my work,
       E
I'll have them cook you something
        B
That you really love.

Chorus 1

       D   A
'Cause I like you, yeah I like you,
        E   B
And I'm feeling so bohemian like you.
   D   A
Yeah I like you, yeah I like you,
   E
And I feel wa-ho, whoo!

Link 2

‖: B Bsus4 B | D Dsus4 D | A Asus4 A | E Esus4 E :‖

| B E5 | B E5 | B E5 | B   ‖
                              Wait!

Verse 3

N.C.   B   D
Who's that guy just hanging at your pad?
  A
He's looking kind of bummed.
     E
Yeah, you broke up? That's too bad.
      B   D
I guess it's fair if he always pays the rent
     A
And he doesn't get bent about
E   B
Sleeping on the couch when I'm there.

| | **D**   **A**
| *Chorus 2* | 'Cause I like you, yeah I like you,
| | **E**   **B**
| | And I'm feeling so bohemian like you.
| | **D**   **A**
| | Yeah I like you, yeah I like you,
| | **E**
| | And I feel wa-ho, whoo!

Link 3   ‖: B Bsus⁴ B | D Dsus⁴ D | A Asus⁴ A | E Esus⁴ E :‖

            B
Chorus 3 And I'm getting wise
            D   **A**
            And I feel so bohemian like you.
            E
            It's you that I want
            B   **D**   **A**
            So please, just a casual, casual easy thing.
            E   **B**
            Is it? It is for me.
            D   **A**   **E**
            And I like you, yeah I like you, and I like you, I like you,
            B   **D**   **A**
             I like you, I like you, I like you, I like you, I like you
            E
            And I feel who-hoa, whoo!

Coda   ‖: B Bsus⁴ B | D Dsus⁴ D | A Asus⁴ A | E Esus⁴ E :‖

            | B E⁵ | B E⁵ | B E⁵ | B E⁵ | B   ‖

Brown Eyed Girl

Words & Music by Van Morrison

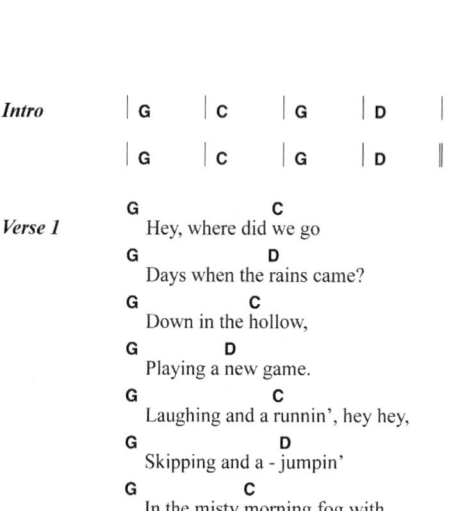

Intro | G | C | G | D |
            | G | C | G | D   ‖

Verse 1
G   C
Hey, where did we go
G   D
Days when the rains came?
G   C
Down in the hollow,
G   D
Playing a new game.
G   C
Laughing and a runnin', hey hey,
G   D
Skipping and a - jumpin'
G   C
In the misty morning fog with
G   D
Our, our hearts a - thumpin' and

Chorus 1
C   D7   G   Em
You, my brown eyed girl.
C   D7   G   D
And you, my   brown eyed girl.

© Copyright 1967 Web IV Music Incorporated, USA.
Universal Music Publishing Limited.
All Rights Reserved. International Copyright Secured.

Verse 2
```
            G                C
            And what ever happened
            G              D
            To Tuesday and so slow?
            G                   C
             Going down to the old mine
                G      D
            With a  transistor radio.
            G                     C
             Standing in the sunlight laughing,
            G                D
             Hiding behind a rainbow's wall.
            G             C
             Slipping and a - sliding
            G              D
             All along the waterfall with
```

Chorus 2
```
            C   D7              G   Em
            You,  my brown eyed girl.
            C         D7        G   D7
              You, my   brown eyed girl.

            Do you remember when
                      G
            We used to sing
                      C
            Sha la la la la la la,
            G              D7
            La la la la de da.

            Just like that
            G            C
              Sha la la la la la la,
            G              D7
            La la la la de da,
                  (G)
            La de da.
```

Link | G | G | G | G | G | C | G | D   ‖

Verse 3

```
  G            C
  So hard to find my way
  G           D
  Now that I'm all on my own
  G            C
  I saw you just the other day
  G         D
  My how you have grown
  G              C
  Cast my memory back there, Lord
  G            D
  Sometimes I'm overcome thinkin' about it
  G                C
  Makin' love in the green grass
  G           D
  Behind the stadium with
```

Chorus 3

```
  C   D7             G   Em
  You,  my brown eyed girl
  C            D7       G   D7
  And you, my   brown eyed girl.
```

Do you remember when

```
        G
We used to sing
    G         C
|:   Sha la la la la la la,
   G              D7
   La la la la de da.
```
(Lying in the green grass)
```
   G         C
   Sha la la la la la la,
   G              D7
   La la la la de da,  :|  Repeat ad lib. to fade
```

California Dreamin'

Words & Music by John Phillips & Michelle Gilliam

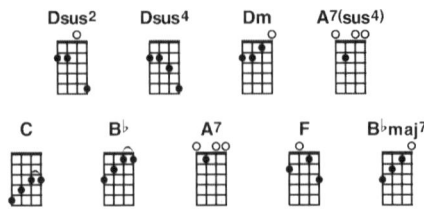

To match original recording tune ukulele down one semitone

Intro | Dsus2 Dsus4 Dm | Dsus2 Dsus4 Dm |

| Dsus2 Dsus4 Dm | A7(sus4) ||

Verse 1
```
                      Dm      C            Bb
        All the leaves are brown
                     (All the leaves are brown)
             C       A7(sus4)          A7
        And the sky is grey,
                            (And the sky is grey)
        Bb        F           A7      Dm
        I've been for a walk
                       (I've been for a walk)
        Bb        A7(sus4)            A7
        On a winter's day.
                         (On a winter's day)
                      Dm      C           Bb
        I'd be safe and warm
                       (I'd  be  safe and warm)
           C         A7(sus4)           A7
        If I was in L.A. _____
                       (If I was in L.A. _____)
```

Chorus 1
```
                   Dm    C       Bb
        California dreamin'
                   (Cal - i - fornia dreamin')
           C         A7(sus4)  A7
        On such a winter's day. _____
```

© Copyright 1965 Universal/MCA Music Limited.
All Rights Reserved. International Copyright Secured.

Verse 2
                        Dm   C
                 Stopped into a church
              B♭   **C**   **A7(sus4)**
               I passed along the way,
           A7   **B♭**   **D**   **A7**   **Dm**
       { Well, I got down on my knees
       {   (Got down on my knees)
              B♭   **A7(sus4)**   **A7**
      { And I pretend to pray.
      {   (I pretend to pray)
                         Dm   **C**   **B♭**
     { You know the preacher like the cold
     {   (Preacher like the cold)
         C   **A7(sus4)**   **A7**
     { He knows I'm gonna stay.
     {   (Knows I'm gonna stay.)

Chorus 2
               Dm   **C**   **B♭**
     { California dreamin'
     {   (Cal - i - fornia dreamin')
       C   **A7(sus4)** **A7**
     On such a winter's day. _____

Flute solo | **Dm** | **Dm** | **Dm** | **Dm B♭** |

             | **F**   **A7** | **Dm B♭** | **A7(sus4)** | **A7** |

             ‖: **Dm** **G** | **F**   **G** | **A7(sus4)** | **A7**   :‖

Verse 3
                 Dm   **C**   **B♭**
     { All the leaves are brown
     {   (All the leaves are brown)
          C   **A7(sus4)**   **A7**
    { And the sky is grey,
    {   (And the sky is grey)
    B♭   **F**   **A7**   **Dm**
   { I've been for a walk
   {   (I've been for a walk)
     B♭   **A7(sus4)**   **A7**
   { On a winter's day.
   {   (On a winter's day)

	Dm C B♭
cont.	{ If I didn't tell her
	(If I didn't tell her)

      C   A7(sus4)   A7
{ I could leave today.
            (I could leave today.)

Outro

      Dm   C   B♭
{ California dreamin'
     (Cal - i - fornia dreamin')

C   Dm   C   B♭
{ On such a winter's day,
         (California dreamin')

C   Dm   C   B♭
{ On such a winter's day,
         (California dreamin')

C   B♭maj7 Dm
On such a winter's day. _____

Common People

Words by Jarvis Cocker
Music by Jarvis Cocker, Nick Banks, Russell Senior,
Candida Doyle & Stephen Mackey

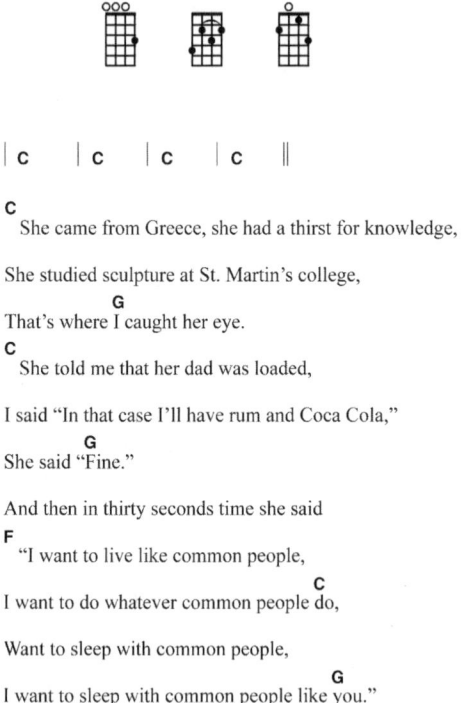

Intro | C | C | C | C ||

Verse 1
    C
    She came from Greece, she had a thirst for knowledge,

She studied sculpture at St. Martin's college,
G
That's where I caught her eye.
C
  She told me that her dad was loaded,

I said "In that case I'll have rum and Coca Cola,"
G
She said "Fine."

And then in thirty seconds time she said
F
  "I want to live like common people,
                     C
I want to do whatever common people do,

Want to sleep with common people,
                         G
I want to sleep with common people like you."

Well, what else could I do?
                        C
I said, "I'll - I'll see what I can do."

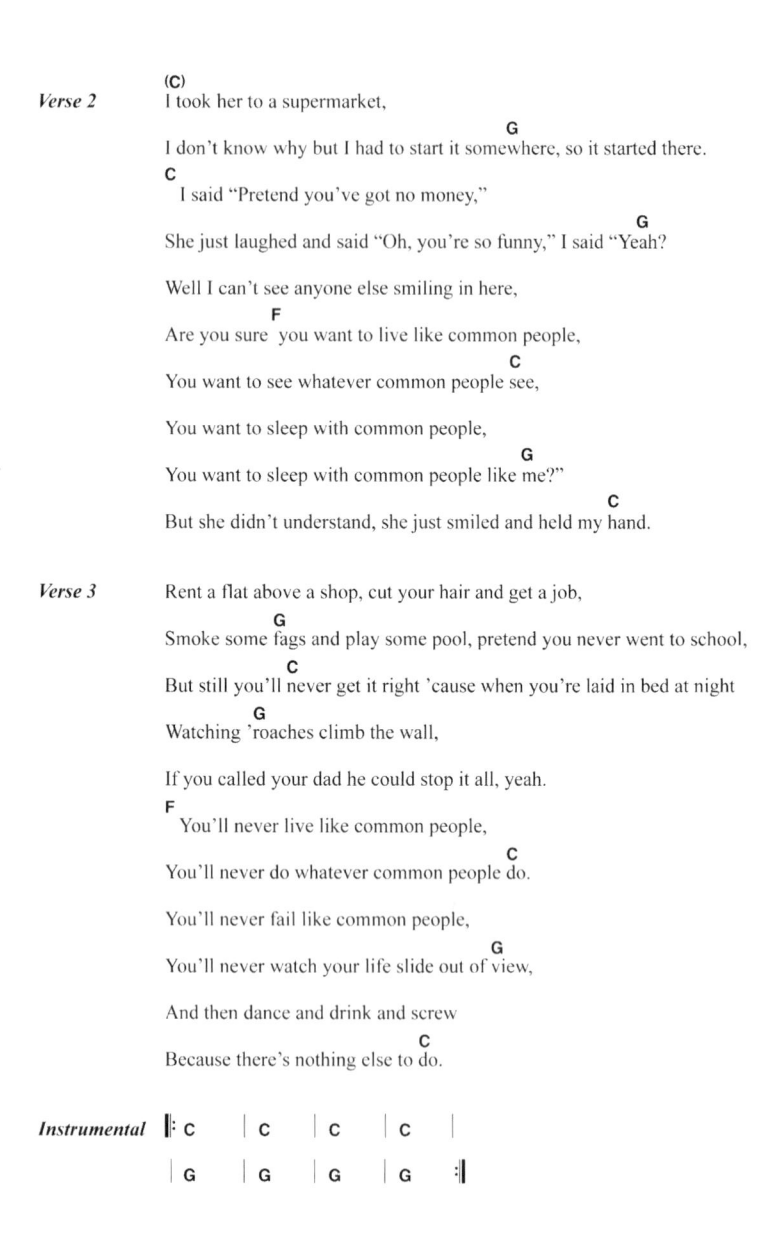

Verse 2   (C)
I took her to a supermarket,
                             G
I don't know why but I had to start it somewhere, so it started there.
C
  I said "Pretend you've got no money,"
                                      G
She just laughed and said "Oh, you're so funny," I said "Yeah?

Well I can't see anyone else smiling in here,
  F
Are you sure you want to live like common people,
                                C
You want to see whatever common people see,

You want to sleep with common people,
                             G
You want to sleep with common people like me?"
                                          C
But she didn't understand, she just smiled and held my hand.

Verse 3   Rent a flat above a shop, cut your hair and get a job,
                G
Smoke some fags and play some pool, pretend you never went to school,
           C
But still you'll never get it right 'cause when you're laid in bed at night
     G
Watching 'roaches climb the wall,

If you called your dad he could stop it all, yeah.
F
  You'll never live like common people,
                            C
You'll never do whatever common people do.

You'll never fail like common people,
                             G
You'll never watch your life slide out of view,

And then dance and drink and screw
                C
Because there's nothing else to do.

Instrumental ‖: C | C | C | C |
                        | G | G | G | G   :‖

Verse 4
       F
       Sing along with the common people,
                              C
       Sing along and it might just get you through.

       Laugh along with the common people,
                                  G
       Laugh along even though they're laughing at you,

       And the stupid things that you do,
                           C
       Because you think that poor is cool.

Verse 5   Like a dog lying in the corner,

       They will bite you and never warn you,
G
Look out, they'll tear your insides out,
C
  'Cause everybody hates a tourist,
                             G
Especially one who thinks it's all such a laugh,

And the chip stains and grease will come out in the bath.
    F
You will never understand how it feels to live your life
  C
With no meaning or control and with nowhere left to go.
G
You are amazed that they exist,
                                         C
And they burn so bright whilst you can only wonder why.

Verse 6   As Verse 3

Outro | C | C | C | C ||

       (C)
||: Want to live with common people like you. :|| *Play 7 times*

||: Oh, la, la, la, la. :|| *Play 4 times*

Oh yeah.

Catch The Wind

Words & Music by Donovan Leitch

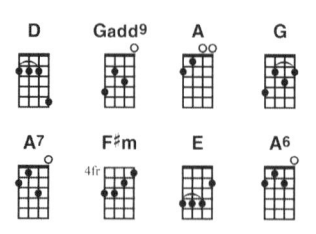

To match recording tune ukulele down a semitone

Intro | D | D | Gadd9 | A | D | Gadd9 | D | D ||

Verse 1
     D   Gadd9
In the chilly hours and minutes
D   G
Of uncertainty, I __ want to be
D   Gadd9 A   D | D | A7 | A7 |
In the warm hold of your lovin' mind,
   D   Gadd9
To feel you all around me
  D   G
And to take your hand along the sand,
D   Gadd9 A   D | Gadd9 | D | D ||
Ah, but I may as well try and catch the wind.

Verse 2
    D   Gadd9
When sundown pales the sky,
  D   G
I want to hide a while behind your smile
D   Gadd9 A   D | D | A7 | A7 |
And everywhere I'd look, your eyes I'd find.
   D   Gadd9
For me to love you now
   D   G
Would be the sweetest thing, t'would make me sing,
D   Gadd9 A   D | Gadd9 | D | D ||
Ah, but I may as well try and catch the wind.

© Copyright 1965 Donovan (Music) Limited.
Peermusic (UK) Limited.
All Rights Reserved. International Copyright Secured.

Instrumental | G | G | F#m | F#m | G | G |
               | E | E | A | A6 | A7 | A6 ||

Verse 3
        D   Gadd9
When rain has hung the leaves with tears
D   G
I want you near to kill my fears,
D   Gadd9 A   D | D | A7 | A7 |
To help me to leave all my blues behind.
 D   Gadd9
For standin' in your heart
      D   G
Is where I want to be and long to be,
D   Gadd9 A   D | Gadd9 | D | D ||
Ah, but I may as well try and catch the wind.

Solo | D | D | Gadd9 | Gadd9 | D | D | G | G |
       | D | D | Gadd9 | A | D | D | A7 | A7 |
       | D | D | Gadd9 | Gadd9 | D | D | G | G |
       | D | D | Gadd9 | A | D | Gadd9 | D | D |

Outro | D | D | Gadd9 | Gadd9 | D | D | G | G |

     D   Gadd9 A   D | Gadd9 | D ||
Ah, but I may as well try and catch the wind.

Chiquitita

Words & Music by Benny Andersson & Björn Ulvaeus

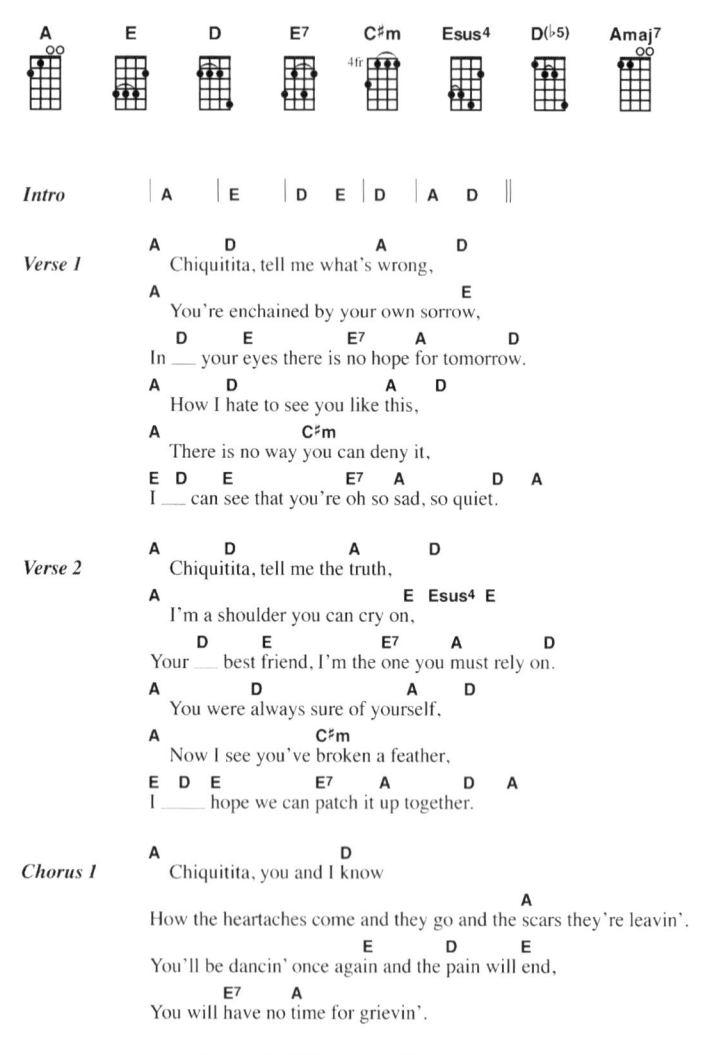

| A | E | D | E7 | C#m | Esus4 | D(♭5) | Amaj7 |

Intro | A | E | D E | D | A D ||

Verse 1
  A D   A D
  Chiquitita, tell me what's wrong,
  A   E
  You're enchained by your own sorrow,
   D E   E7 A   D
  In __ your eyes there is no hope for tomorrow.
  A   D   A D
  How I hate to see you like this,
  A   C#m
  There is no way you can deny it,
 E D E   E7 A   D A
 I __ can see that you're oh so sad, so quiet.

Verse 2
  A D   A D
  Chiquitita, tell me the truth,
  A   E Esus4 E
  I'm a shoulder you can cry on,
   D E   E7 A   D
  Your __ best friend, I'm the one you must rely on.
  A   D   A D
  You were always sure of yourself,
  A   C#m
  Now I see you've broken a feather,
 E D E   E7 A   D A
 I ___ hope we can patch it up together.

Chorus 1
  A   D
  Chiquitita, you and I know
               A
 How the heartaches come and they go and the scars they're leavin'.
         E   D   E
 You'll be dancin' once again and the pain will end,
  E7 A
 You will have no time for grievin'.

© Copyright 1979 Union Songs AB, Sweden.
Bocu Music Limited for Great Britain and the Republic of Ireland.
All Rights Reserved. International Copyright Secured.

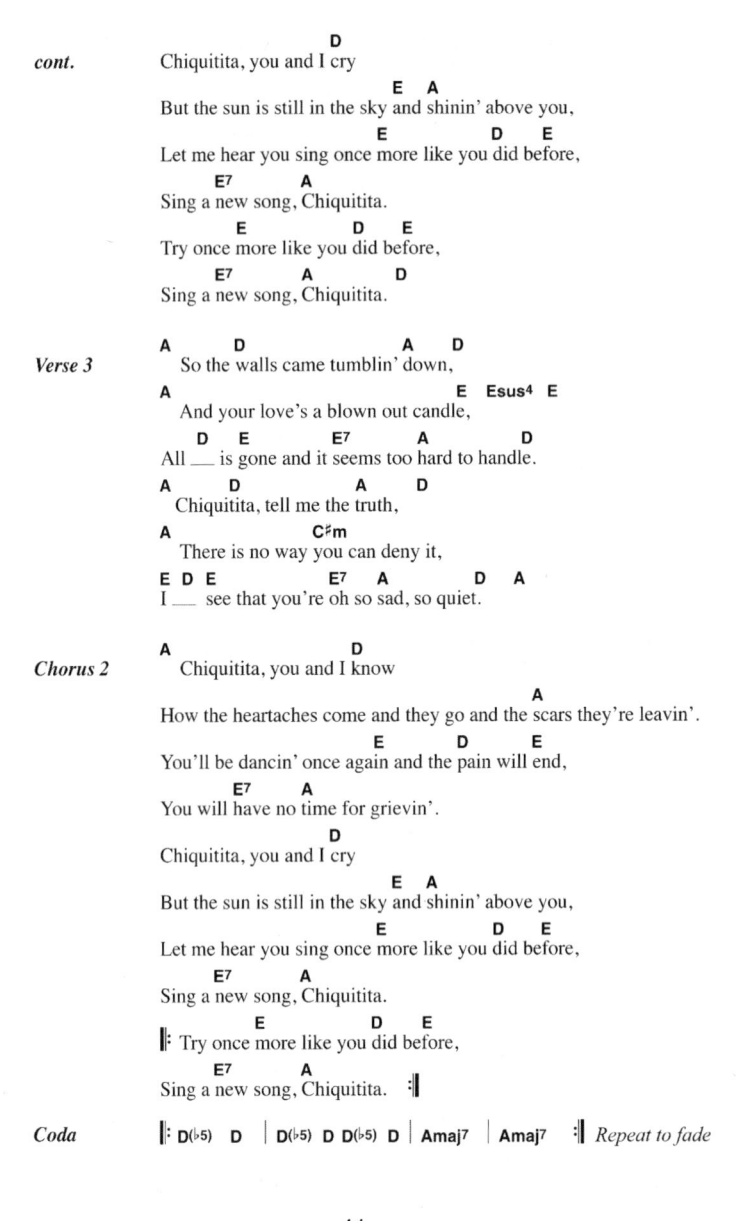

cont.

              D
Chiquitita, you and I cry
                             E **A**
But the sun is still in the sky and shinin' above you,
                       E   **D**   **E**
Let me hear you sing once more like you did before,
  E7   **A**
Sing a new song, Chiquitita.
    E   **D**   **E**
Try once more like you did before,
  E7   **A**   **D**
Sing a new song, Chiquitita.

Verse 3

A   **D**   **A**   **D**
  So the walls came tumblin' down,
A   **E**   **Esus4** **E**
  And your love's a blown out candle,
  D **E**   **E7**   **A**   **D**
All __ is gone and it seems too hard to handle.
A   **D**   **A**   **D**
  Chiquitita, tell me the truth,
A   **C#m**
  There is no way you can deny it,
E D E   **E7**   **A**   **D**   **A**
I __ see that you're oh so sad, so quiet.

Chorus 2

A   **D**
  Chiquitita, you and I know
                                      A
How the heartaches come and they go and the scars they're leavin'.
                  E   **D**   **E**
You'll be dancin' once again and the pain will end,
  E7   **A**
You will have no time for grievin'.
              D
Chiquitita, you and I cry
                               E **A**
But the sun is still in the sky and shinin' above you,
                       E   **D**   **E**
Let me hear you sing once more like you did before,
  E7   **A**
Sing a new song, Chiquitita.
        E   **D**   **E**
𝄆 Try once more like you did before,
  E7   **A**
Sing a new song, Chiquitita. 𝄇

Coda

𝄆 **D(♭5)** **D** | **D(♭5)** **D** **D(♭5)** **D** | **Amaj7** | **Amaj7** 𝄇 *Repeat to fade*

Creep

Words & Music by Albert Hammond, Mike Hazlewood, Thom Yorke,
Jonny Greenwood, Colin Greenwood, Ed O'Brien & Phil Selway

| G | B | Bsus4 | C | Csus4 | Cm | C7(sus4) |

Intro | G | G | B | Bsus4 B |
         | C | Csus4 C | Cm | Cm ‖

Verse 1
                           G
When you were here before
                  B
Couldn't look you in the eye,
            C
You're just like an angel,
              Cm
Your skin makes me cry.
         G
You float like a feather
       B
In a beautiful world.
    C
I wish I was special,
           Cm
You're so fuckin' special

Chorus 1
           G   B
But I'm a creep, I'm a weirdo.
               C
What the hell am I doing here?
      Cm   C7sus4
I don't be - long here.

Verse 2
           G
I don't care if it hurts,
    B
I wanna have control,
    C
I wanna perfect body,

© Copyright 1992 Warner/Chappell Music Limited/
Imagem Songs Limited.
All Rights Reserved. International Copyright Secured.

cont.
        Cm
I wanna perfect soul.
G
I want you to notice
B
When I'm not around,
        C
You're so fuckin' special
Cm
I wish I was special...

Chorus 2
     G   **B**
But I'm a creep, I'm a weirdo.
            C
What the hell am I doing here?
Cm
I don't be - long here.
C7sus4
Oh, oh.

Bridge
G   **B**
She's running out a - gain,
C
She's running out
    Cm
She's run, run, run,
G **B** **C**   **Cm**
Run.   Run...

Verse 3
                  G
Whatever makes you happy
        B
Whatever you want,
        C
You're so fuckin' special
Cm
I wish I was special...

Chorus 3
     G   **B**
But I'm a creep, I'm a weirdo,
           C
What the hell am I doing here?
Cm
I don't be - long here,
G
I don't be - long here.

Days

Words & Music by Ray Davies

Intro | A | A |

Verse 1
```
          A                         E
   Thank you for the days ____
          D    A              D         A      E     A
   Those endless days, those sacred days   you gave  me.
                               E
   I'm thinking of the days ____
   D    A       D    A    E       A
   I won't forget a single day believe me.
   D    A
   I bless the light,
   D    A         D      A    E       A
   I bless the light that lights on you believe me.
       D         A
   And though you're gone
   D    A    D      A    E      A
   You're with me every single day believe me.
```

Chorus 1
```
       F            C              G
   Days I'll remember all my life,
       F          C                       G
   Days when you can't see wrong from   right,
       F      C
   You took my  life
         F    C       F    C     G    C
   But then I knew that very soon you'd leave me.
       F    C
   But it's alright,
          F        C        F    C     G    C
   Now I'm not frightened of this world believe me.
```

Bridge
       E   Am
I wish today, could be tomorrow,
         E
The night is long
            Am   G   F
It just brings sorrow let it wait,
   E
Ah. ____

Verse 2
                  A   E
Thank you for the days ____
        D   A   D   A   E   A
Those endless days, those sacred days   you gave   me.

                        E
I'm thinking of the days ____
      D   A   D   A   E   A
I won't forget a single day believe me.

Chorus 2   As Chorus 1

Link
E
Days. ____

Verse 3   As Verse 2

Outro
D   A
I bless the light
D   A   D   A   E   A
I bless the light that shines on you believe me
   D   A
And though you're gone
        D   A   D   A   E   A
You're with me every single day believe me.
A
Days. ____

Don't Know Why

Words & Music by Jesse Harris

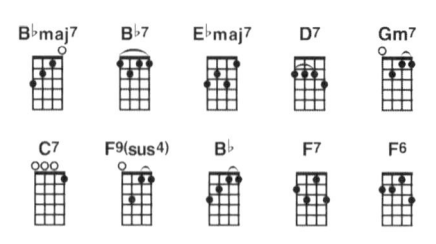

Bbmaj7   Bb7   Ebmaj7   D7   Gm7

C7   F9(sus4)   Bb   F7   F6

Intro | Bbmaj7 Bb7 | Ebmaj7 D7 | Gm7 C7 | F9(sus4) |

Verse 1
    Bbmaj7 Bb7   Ebmaj7   D7
I waited 'til I saw the sun
  Gm7   C7   F9(sus4)   Bb
  I don't know why I didn't come
Bbmaj7   Bb7   Ebmaj7   D7
  I left you by the house of fun
Gm7   C7   F9(sus4)   Bb
  I don't know why I didn't come
  Gm7   C7   F(9sus4)   Bb
I   don't know why I didn't come.

Verse 2
   Bbmaj7   Bb7   Ebmaj7   D7
  When I saw the break of day
Gm7   C7   F9(sus4)   Bb
  I wished that I could fly away.
Bbmaj7   Bb7   Ebmaj7   D7
  Instead of kneeling in the sand
Gm7   C7   F9(sus4)   Bb
Catching teardrops in my hand.

Chorus 1
     Gm7   C7   F7
My heart is drenched in wine,
   Gm7   C7   F7   F6
But you'll be on my mind forever.

© Copyright 2002 Beanly Songs/Sony/ATV Songs LLC.
Sony/ATV Music Publishing.
All Rights Reserved. International Copyright Secured.

Verse 3

| B♭maj7 | B♭7 | | E♭maj7 | D7 |

Out across the endless sea

| Gm7 | C7 | F9(sus4) | B♭ |

I would die in ecstasy

| B♭maj7 | B♭7 | E♭maj7 | D7 |

But I'll be a bag of bones

| Gm7 | C7 | F9(sus4) | B♭ |

Driving down the road alone.

Chorus 2

| Gm7 | C7 | F7 |

My heart is drenched in wine,

| Gm7 | C7 | F7 | F6 |

But you'll be on my mind forever.

Instrumental ‖: B♭maj7 B♭7 | E♭maj7 D7 | Gm7 C7 | F9sus4 :‖

Verse 4

| B♭maj7 | B♭7 | E♭maj7 | D7 |

Something has to make you run

| Gm7 | C7 | F9sus4 | B♭ |

I don't know why I didn't come.

| B♭maj7 | B♭7 | E♭maj7 | D7 |

I feel as empty as a drum,

| Gm7 | C7 | F9(sus4) | B♭ |

I don't know why I didn't come,

| Gm7 | C7 | F9(sus4) | B♭ |

I don't know why I didn't come,

| Gm7 | C7 | F9(sus4) | B♭ |

I don't know why I didn't come.

Driftwood

Words & Music by Fran Healy

Bm   Esus4   E   A   D6   E7

Intro | Bm | Esus4 E | Bm | Esus4 E ||

Verse 1
        A   D6   Esus4   E
Everything is open, nothing is set in stone
        A   D6   Esus4   E
Rivers turn to oceans, oceans tide you home
        A   D6   Esus4   E
Home is where the heart is, but your heart had to roam
        A   D6   Esus4   E
Drifting over bridges, never to return
E7
Watching bridges burn.

Chorus 1
            A   E   Bm
You're driftwood floating underwater
                D6
Breaking into pieces, pieces, pieces
       A   E   Bm
Just driftwood, hollow and of no use
              D6
Waterfalls will find you, bind you, grind you.

Verse 2
        A   D6   Esus4   E
Nobody is an island, everyone has to go
        A   D6   Esus4   E
Pillars turn to butter, butter flying low
       A   D6   Esus4   E
Low is where your heart is, but your heart has to grow
       A   D6   Esus4   E
Drifting under bridges, never with the flow.

© Copyright 1999 Sony/ATV Music Publishing.
All Rights Reserved. International Copyright Secured.

Bridge 1

     Bm   Esus⁴ E
And you really didn't think it would happen
   Bm   Esus⁴ E
But it really is the end of the line
    A E   Bm
So I'm sorry that you've turned to driftwood
       D⁶   A
But you've been drifting for a long, long time.

Interlude | Bm | Esus⁴ E | Bm | Esus⁴ E | Bm | Esus⁴ E | Bm | Bm |

Verse 3

A   D⁶   Esus⁴   E
Everywhere there's trouble, nowhere's safe to go
A   D⁶   Esus⁴   E
Pushes turn to shovels, shovelling the snow
A   D⁶   Esus⁴   E
Frozen you have chosen, the path you wish to go
A   D⁶ Esus⁴ E
Drifting now forever, and forever more
E⁷
Until you reach your shore.

Chorus 2 As Chorus 1

Bridge 2

     Bm   Esus⁴ E
And you really didn't think it would happen
   Bm   Esus⁴ E
But it really is the end of the line
    A E   Bm
So I'm sorry that you've turned to driftwood
       D⁶   A
But you've been drifting for a long, long time
      D⁶   A
You've been drifting, for a long, long time
      Bm
You've been drifting for a long, long
D⁶   A
Drifting for a long, long time.

Eternal Flame

Words & Music by Susanna Hoffs, Tom Kelly & Billy Steinberg

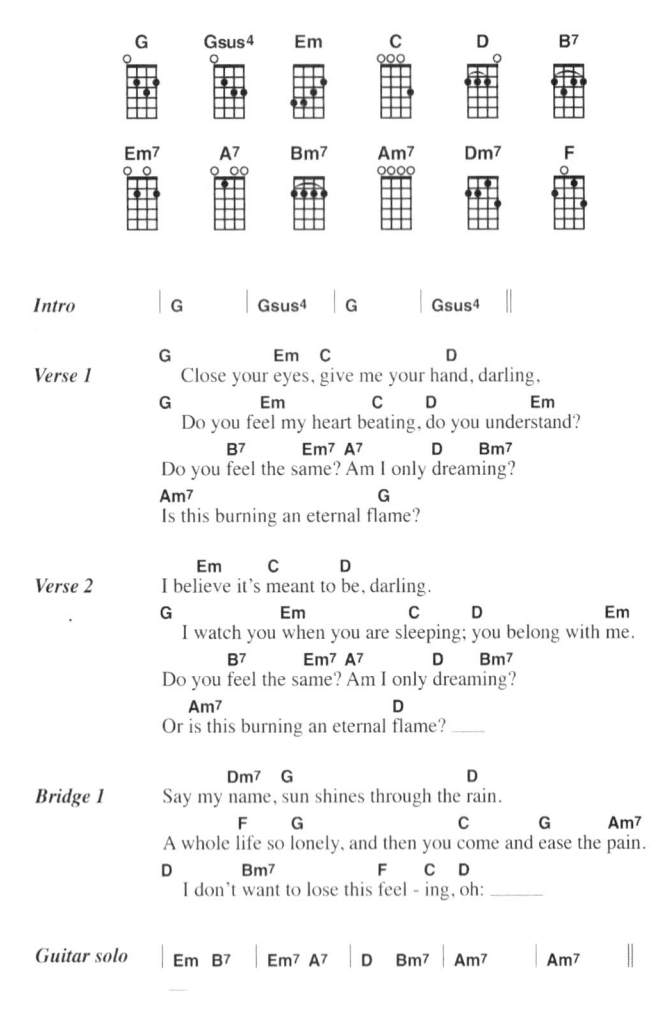

G Gsus4 Em C D B7
Em7 A7 Bm7 Am7 Dm7 F

Intro | G | Gsus4 | G | Gsus4 ||

Verse 1
     G   Em   C   D
Close your eyes, give me your hand, darling,
  G   Em   C   D   Em
Do you feel my heart beating, do you understand?
  B7   Em7 A7   D   Bm7
Do you feel the same? Am I only dreaming?
Am7   G
Is this burning an eternal flame?

Verse 2
     Em   C   D
I believe it's meant to be, darling.
 G   Em   C   D   Em
I watch you when you are sleeping; you belong with me.
  B7   Em7 A7   D   Bm7
Do you feel the same? Am I only dreaming?
  Am7   D
Or is this burning an eternal flame? ____

Bridge 1
     Dm7 G   D
Say my name, sun shines through the rain.
      F   G   C   G   Am7
A whole life so lonely, and then you come and ease the pain.
 D   Bm7   F   C   D
I don't want to lose this feel - ing, oh: ____

Guitar solo | Em B7 | Em7 A7 | D Bm7 | Am7 | Am7 ||

© Copyright 1988 & 1989 Sony/ATV Tunes LLC/Bangophile Music.
Sony/ATV Music Publishing/Universal Music Publishing Limited.
All Rights Reserved. International Copyright Secured.

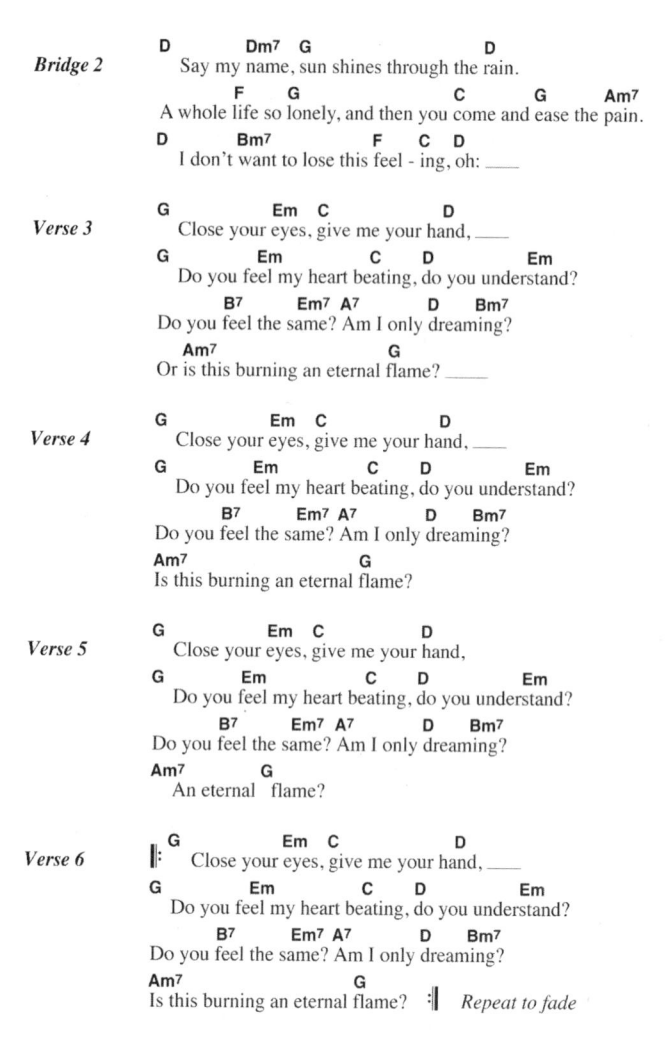

Bridge 2
    D   Dm7 G   D
     Say my name, sun shines through the rain.
        F   G   C   G   Am7
 A whole life so lonely, and then you come and ease the pain.
   D   Bm7   F   C   D
    I don't want to lose this feel - ing, oh: ____

Verse 3
   G   Em C   D
    Close your eyes, give me your hand, ____
 G   Em   C   D   Em
  Do you feel my heart beating, do you understand?
     B7   Em7 A7   D   Bm7
Do you feel the same? Am I only dreaming?
 Am7   G
Or is this burning an eternal flame? ____

Verse 4
   G   Em C   D
    Close your eyes, give me your hand, ____
 G   Em   C   D   Em
  Do you feel my heart beating, do you understand?
     B7   Em7 A7   D   Bm7
Do you feel the same? Am I only dreaming?
Am7   G
Is this burning an eternal flame?

Verse 5
   G   Em C   D
    Close your eyes, give me your hand,
 G   Em   C   D   Em
  Do you feel my heart beating, do you understand?
     B7   Em7 A7   D   Bm7
Do you feel the same? Am I only dreaming?
Am7   G
An eternal flame?

Verse 6
    G   Em C   D
||: Close your eyes, give me your hand, ____
 G   Em   C   D   Em
  Do you feel my heart beating, do you understand?
     B7   Em7 A7   D   Bm7
Do you feel the same? Am I only dreaming?
Am7   G
Is this burning an eternal flame? :|| *Repeat to fade*

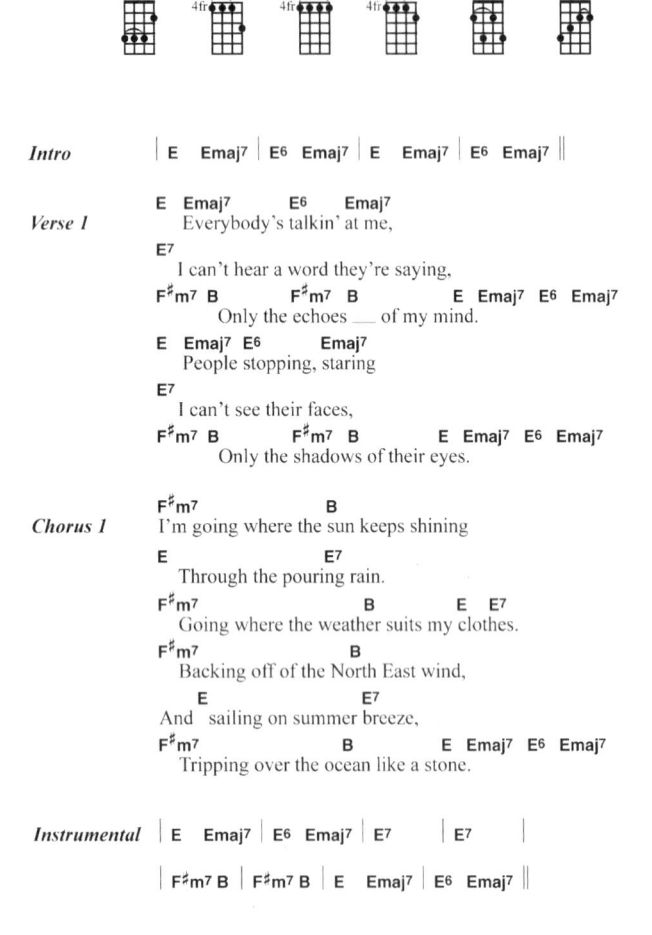

Everybody's Talkin'

Words & Music by Fred Neil

E   Emaj7   E6   E7   F#m7   B

Intro | E Emaj7 E6 Emaj7 | E Emaj7 E6 Emaj7 ||

Verse 1
    E Emaj7   E6   Emaj7
    Everybody's talkin' at me,
E7
    I can't hear a word they're saying,
F#m7 B   F#m7 B   E Emaj7 E6 Emaj7
    Only the echoes __ of my mind.
E   Emaj7 E6   Emaj7
    People stopping, staring
E7
    I can't see their faces,
F#m7 B   F#m7 B   E Emaj7 E6 Emaj7
    Only the shadows of their eyes.

Chorus 1
F#m7   B
I'm going where the sun keeps shining
E   E7
    Through the pouring rain.
F#m7   B   E E7
    Going where the weather suits my clothes.
F#m7   B
    Backing off of the North East wind,
    E   E7
And sailing on summer breeze,
F#m7   B   E Emaj7 E6 Emaj7
    Tripping over the ocean like a stone.

Instrumental | E Emaj7 E6 Emaj7 E7 | E7 |

| F#m7 B | F#m7 B | E Emaj7 E6 Emaj7 ||

© Copyright 1967 Third Story Music Inc.
BMG Rights Management (UK) Limited.
All Rights Reserved. International Copyright Secured.

Chorus 2
    F#m7   B
   I'm going where the sun keeps shining
E   E7
   Through the pouring rain.
F#m7   B   E   E7
   Going where the weather suits my clothes.
F#m7   B
   Backing off of the North East wind,
    E   E7
And   sailing on summer breeze,
Em7   B   E   Emaj7 E6 Emaj7
   Tripping over the ocean like a stone.
E   Emaj7   E6   Emaj7   E Emaj7 E6 Emaj7
   Everybody's talkin' at me. _____

Outro
‖: E   Emaj7 | E6 Emaj7 | E   Emaj7 | E6 Emaj7 |

| E   Emaj7 | E6 Emaj7 | E   Emaj7 | E6 Emaj7 :‖ E   ‖

Fairytale Of New York

Words & Music by Shane MacGowan & Jem Finer

[Chord diagrams: F, C, G, Gsus4, Am]

Intro | F C F | G C G ||

Verse 1
         C   F
It was Christmas Eve, babe, in the drunk tank,
      C   Gsus4 G
An old man said to me "I won't see another one,"
      C   F
And then he sang a song, 'The Rare Old Mountain Dew',
    C   G C G
I turned my face away and dreamed about you.

Verse 2
     C   F
Got on a lucky one, came in eighteen to one,
    C   Gsus4 G
I've got a feeling this year's for me and you.
    C   F
So Happy Christmas, I love you baby,
    C   Gsus4 C
I can see a better time when all our dreams come true.

Instrumental | F C F | Gsus4 | C G | C F G C ||

Verse 3
     C   G   Am F
They've got cars big as bars, they've got rivers of gold
   C   G
But the wind goes right through you, it's no place for the old.
     C   Am C   F
When you first took my hand on a cold Christmas Eve
  C   G   C
You promised me Broadway was waiting for me.

© Copyright 1987 Universal Music Publishing Limited/
Universal Music Publishing MGB Limited.
All Rights Reserved. International Copyright Secured.

Verse 4
                      C   G
You were handsome, you were pretty, queen of New York City.
     C   F   G   C
When the band finished playing, they howled out for more.
 C   G
Sinatra was swinging, all the drunks they were singing,
 C   F   G   C
We kissed on a corner then danced through the night.

Chorus 1
         F   Am   G   C   Am
And the boys from the N.Y.P.D.   choir were singin' 'Galway Bay'
 C   F   G   C
And the bells were ringin' out for Christmas Day.

Link 1 | C G Am F | C   G | C Am C F | C   G C ||

Verse 5
           C   G
You're a bum, you're a punk, you're an old slut on junk
    C   F   G   C
Lying there almost dead on a drip in that bed.
 C   G
You scumbag, you maggot, you cheap lousy faggot,
     C   F   G   C
Happy Christmas your arse, I pray God it's our last.

Chorus 2   As Chorus 1

Link 2 | C | F | C   F | G C G ||

Verse 6
               C   F
I could have been someone, well so could anyone.
             C   Gsus^4 G
You took my dreams from me when I first found you.
    C   F
I kept them with me, babe, I put them with my own,
         C   F   G   C
I can't make it   all alone, I've built my dreams around you.

Chorus 3   As Chorus 1

Father And Son

Words & Music by Cat Stevens

G C D Am7 Em Bm7

Intro | G C | G C | G C | G C ||

Verse 1
      G   D
It's not time to make a change
      C   Am7
Just relax, take it easy.
      G   Em
You're still young, that's your fault,
      Am7   D
There's so much you have to know.
      G   D
Find a girl, settle down,
      C   Am7
If you want you can marry,
      G   Em   Am7 D
Look at me, I am old but I'm happy.

Verse 2
      G   D
I was once like you are now
      C   Am7
And I know that it's not easy
      G   Em   Am7 D
To be calm when you found something going on.
      G   D
But take your time, think a lot
      C   Am7
Think of everything you've got.
      G   Em
For you will still be here tomorrow
    D   G C G C
But your dreams may not.

© Copyright 1970 Cat Music Limited.
All Rights Reserved. International Copyright Secured.

Verse 3

```
        G            Bm7
How can I try to explain?
        C         Am7
When I do he turns away again;
        G             Em          Am7  D
Well, it's always been the same, same old story.
        G                Bm7
From the moment I could talk
    C          Am7
I was ordered to listen,
            G        Em
Now there's a way and I know
    D      G
That I have to go away.
  D     C      G C G C
I know I have to go.
```

Instrumental | G D | C Am7 | G Em | Am7 D |
               | G D | C Am7 | G Em | D G |
               | D C | G C | G C |

Verse 4

     G   D
It's not time to make a change
  C   Am7
Just sit down and take it slowly
     G   Em
You're still young, that's your fault
      Am7   D
There's so much you have to go through.
 G   D
Find a girl, settle down
  C   Am7
If you want you can marry
     G   Em   Am7 D
Look at me, I am old but I'm happy.

Verse 5

     G   Bm7
All the times that I've cried
    C   Am7
Keeping all the things I know inside;
      G   Em   Am7 D
And it's hard, but it's harder to ignore it.
     G   Bm7
If they were right I'd agree
   C   Am7
But it's them they know not me;
        G   Em
Now there's a way, and I know
 D   G
That I have to go away.
D   C   G
I know I have to go.

Fields Of Gold

Words & Music by Sting

[Chord diagrams: Em, Em7, Csus2, G, Gsus4, C, D, Gmaj7, Am, D7, Dsus2, Bm7]

Intro
    | Em Em7 | Csus2 | G Gsus4 | G
    Ooh,

Verse 1
              Em   Em7   Csus2   C
    You'll re - member me when the west wind moves
             D   G
    Among the fields of barley.
    Gmaj7   Em   Em7   C   G
    You can tell the sun in his jealous sky
           Am   D7   G
    When we walked in fields of gold.

Verse 2
          Em   Em7   Csus2 C
    So she took her love, for to gaze a while
         D   G
    Among the fields of barley.
    Gmaj7 Em   Em7   C   G
    In his arms she fell as her hair came down
    Am   D7   G
    Among the fields of gold.

© Copyright 1992 Steerpike Limited/Steerpike (Overseas) Limited/
EMI Music Publishing Limited.
All Rights Reserved. International Copyright Secured.

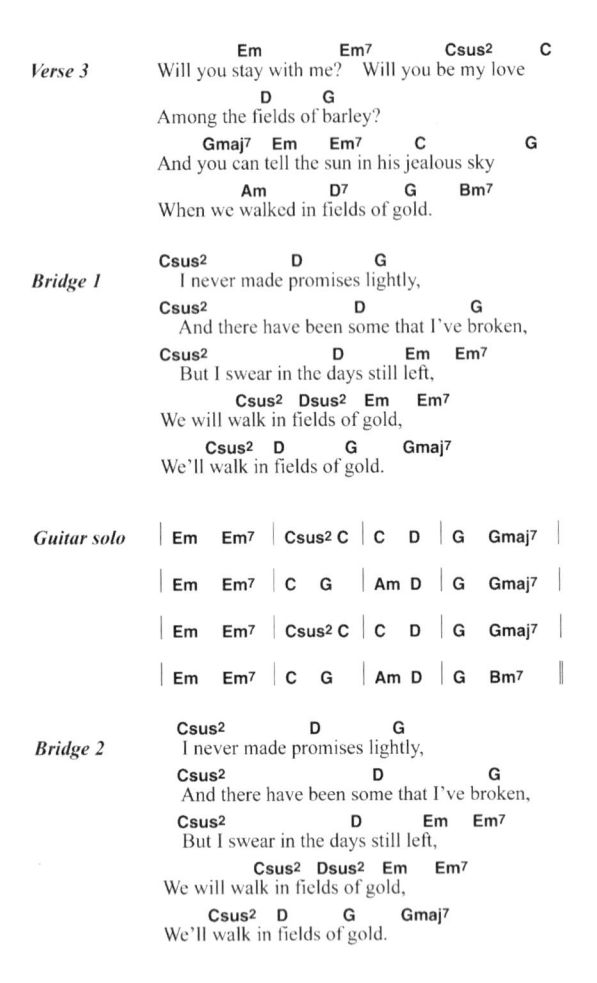

Verse 3

        Em   Em7   Csus2   C
Will you stay with me?   Will you be my love
    D   G
Among the fields of barley?
   Gmaj7 Em   Em7   C   G
And you can tell the sun in his jealous sky
      Am   D7   G   Bm7
When we walked in fields of gold.

Bridge 1

Csus2   D   G
I never made promises lightly,
Csus2   D   G
And there have been some that I've broken,
Csus2   D   Em Em7
But I swear in the days still left,
    Csus2 Dsus2 Em Em7
We will walk in fields of gold,
   Csus2 D   G   Gmaj7
We'll walk in fields of gold.

Guitar solo

Em Em7	Csus2 C	C D	G Gmaj7
Em Em7	C G	Am D	G Gmaj7
Em Em7	Csus2 C	C D	G Gmaj7
Em Em7	C G	Am D	G Bm7 ‖

Bridge 2

Csus2   D   G
I never made promises lightly,
Csus2   D   G
And there have been some that I've broken,
Csus2   D   Em Em7
But I swear in the days still left,
    Csus2 Dsus2 Em Em7
We will walk in fields of gold,
   Csus2 D   G   Gmaj7
We'll walk in fields of gold.

Interlude

| Em Em7 | Csus2 | G Gsus4 | G
Ooh._____

Verse 4

Gmaj7 Em   Em7   Csus2   C
Many years have passed since those summer days

D   G
Among the fields of barley.

Gmaj7 Em   Em7   C   G
See the children run as the sun goes down

Am   D7   G
As you lie in fields of gold.

Verse 5

Em   Em7   Csus2   C
You'll re - member me when the west wind moves

D   G
Among the fields of barley.

Gmaj7 Em   Em7   C   G
You can tell the sun in his jealous sky

Am   D7   G
When we walked in fields of gold,

Csus2   D   Em
When we walked in fields of gold,

Em7   Csus2   D   N.C.   G
When we walked in fields of gold.

Outro

| Em Em7 | Csus2 | G Gsus4 | G ‖
Ooh.

Folsom Prison Blues

Words & Music by Johnny Cash

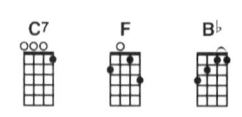

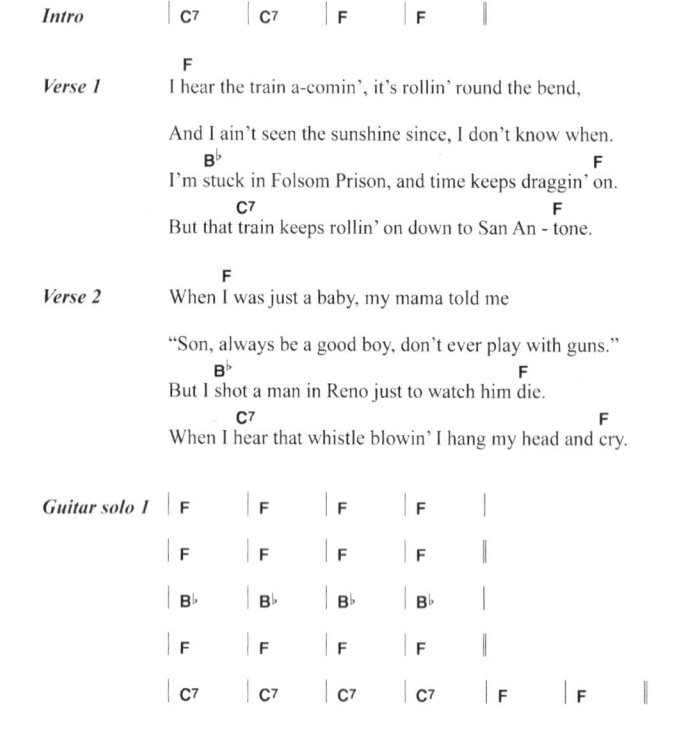

Intro | C7 | C7 | F | F ||

Verse 1
    F
I hear the train a-comin', it's rollin' round the bend,

And I ain't seen the sunshine since, I don't know when.
B♭   **F**
I'm stuck in Folsom Prison, and time keeps draggin' on.
C7   **F**
But that train keeps rollin' on down to San An - tone.

Verse 2
    F
When I was just a baby, my mama told me

"Son, always be a good boy, don't ever play with guns."
B♭   **F**
But I shot a man in Reno just to watch him die.
C7   **F**
When I hear that whistle blowin' I hang my head and cry.

Guitar solo 1 | F | F | F | F |

| F | F | F | F ||

| B♭ | B♭ | B♭ | B♭ |

| F | F | F | F ||

| C7 | C7 | C7 | C7 | F | F ||

© Copyright 1956 Hill & Range Songs Incorporated/
Chappell & Company Incorporated, USA.
Carlin Music Corporation.
All Rights Reserved. International Copyright Secured.

Verse 3
          F
I bet there's rich folks eatin' in a fancy dining car.

They're probably drinkin' coffee and smokin' big cigars.
B♭   **F**
Well I know I had it comin', I know I can't be free,
    C7   **F**
But those people keep a-movin' and that's what tortures me.

Guitar solo 2 | F | F | F | F |

                   | F | F | F | F   ‖

                   | B♭ | B♭ | B♭ | B♭ |

                   | F | F | F | F   ‖

                   | C7 | C7 | C7 | C7 | F |

Verse 4
          F
Well if they freed me from this prison, if that railroad train was mine,

I bet I'd move it on a little farther down the line,
B♭   **F**
Far from Folsom Prison, that's where I want to stay,
    C7   **F**
And I'd let that lonesome whistle blow my blues a - way.

Outro | C7 | C7 | F | F   ‖

Hallelujah

Words & Music by Leonard Cohen

C G Am F E

Intro | C G ||

Verse 1
          C   Am
Now I've heard there was a secret chord
    C   Am
That David played, and it pleased the Lord
   F   G   C   G
But you don't really care for music, do you?
C   F   G
It goes like this: the fourth, the fifth,
 Am   F
The minor fall, the major lift,
  G   E   Am
The baffled king composing Hallelujah.

Chorus 1
 F   Am   F
Hallelujah, Hallelujah, Hallelujah,
 C G C G
Hallelu - jah.

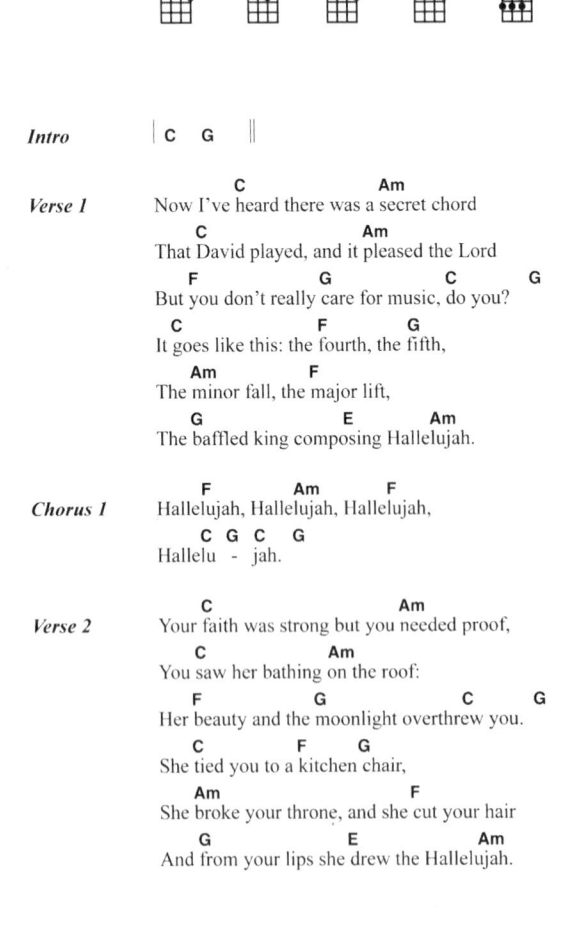

Verse 2
    C   Am
Your faith was strong but you needed proof,
  C   Am
You saw her bathing on the roof:
 F   G   C   G
Her beauty and the moonlight overthrew you.
C   F   G
She tied you to a kitchen chair,
 Am   F
She broke your throne, and she cut your hair
 G   E   Am
And from your lips she drew the Hallelujah.

© Copyright 1984 Sony/ATV Music Publishing.
All Rights Reserved. International Copyright Secured.

Chorus 2
      F   **Am**   **F**
Hallelujah, Hallelujah, Hallelujah,
C G C G
Hallelu - jah.

Verse 3
C   **Am**
You say I took the name in vain,
C   **Am**
I don't even know the name,
  F   **G**   **C**   **G**
But if I did, well really, what's it to you?
        C   **F**   **G**
There's a blaze of light in every word,
Am   **F**
It doesn't matter which you heard:
    G   **E**   **Am**
The holy or the broken Hallelujah.

Chorus 3
      F   **Am**   **F**
Hallelujah, Hallelujah, Hallelujah,
C G C G
Hallelu - jah.

Verse 4
C   **Am**
I did my best, it wasn't much,
C   **Am**
I couldn't feel, so I tried to touch.
  F   **G**   **C**   **G**
I've told the truth, I didn't come to fool you
    C   **F**   **G**
And even though it all went wrong
Am   **F**
I'll stand before the Lord of Song
  G   **E**   **Am**
With nothing on my tongue but Hallelujah.

Chorus 4
       F   **Am**   **F**
𝄆 Hallelujah, Hallelujah, Hallelujah,
C G
Hallelu - jah. 𝄇 *Repeat to fade*

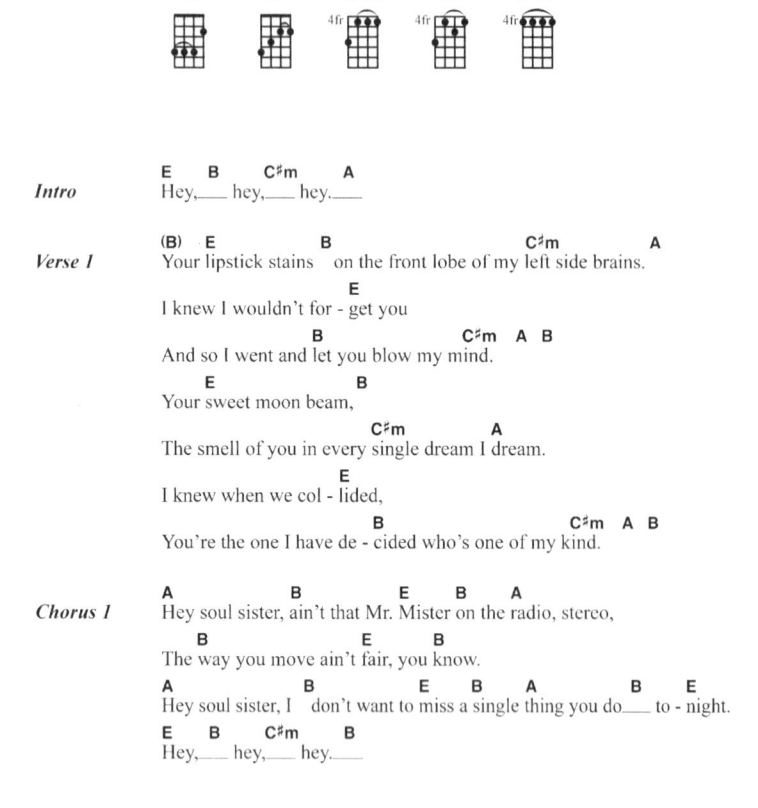

Hey, Soul Sister

Words & Music by Espen Lind, Patrick Monahan & Amund Bjørklund

E   B   C#m   A   C#m7

Intro
    E   B   C#m   A
Hey,___ hey,___ hey.___

Verse 1
(B) E   B   C#m   A
Your lipstick stains   on the front lobe of my left side brains.
                           E
I knew I wouldn't for - get you
                  B   C#m A B
And so I went and let you blow my mind.
           E   B
Your sweet moon beam,
                     C#m   A
The smell of you in every single dream I dream.
                     E
I knew when we col - lided,
                B   C#m A B
You're the one I have de - cided who's one of my kind.

Chorus 1
           A   B   E   B   A
Hey soul sister, ain't that Mr. Mister on the radio, stereo,
         B   E   B
The way you move ain't fair, you know.
          A   B   E   B   A   B   E
Hey soul sister, I   don't want to miss a single thing you do___ to - night.
E   B   C#m   B
Hey,___ hey,___ hey.___

© Copyright 2009 Blue Lamp Music/
EMI April Music Incorporated, USA/
Stellar Songs Limited.
EMI Music Publishing Limited.
All Rights Reserved. International Copyright Secured.

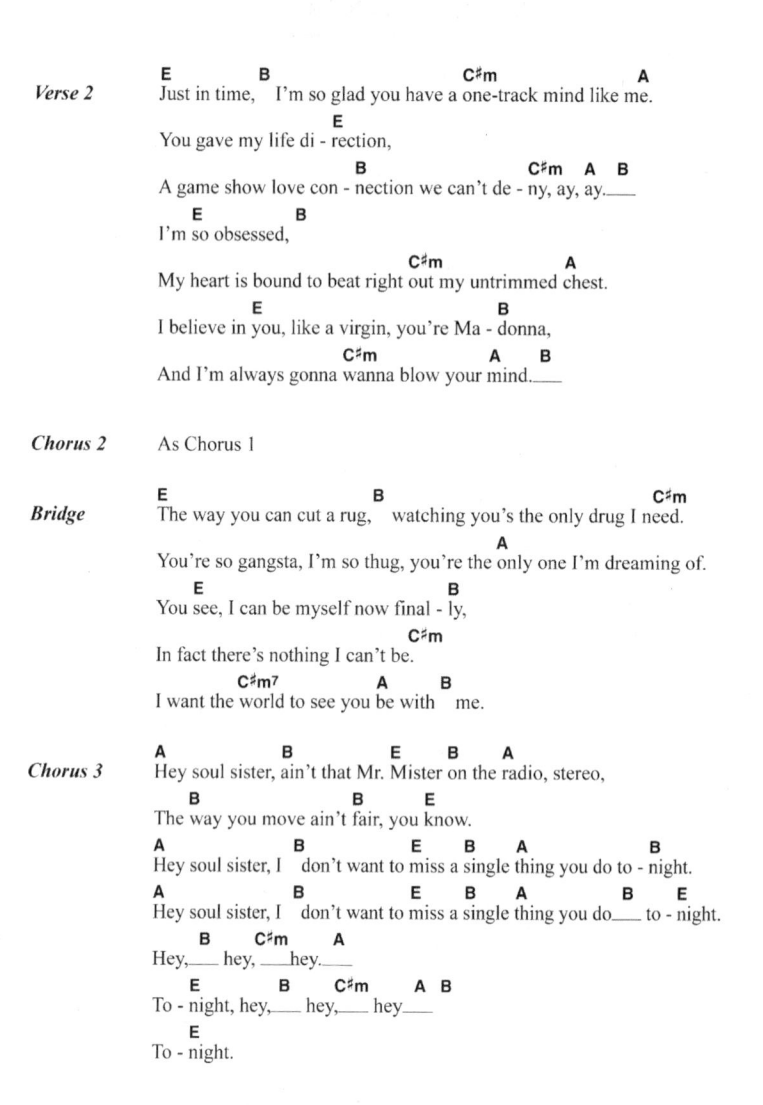

Verse 2
       E   B   C♯m   A
Just in time,   I'm so glad you have a one-track mind like me.

                    E
You gave my life di - rection,

                  B   C♯m A B
A game show love con - nection we can't de - ny, ay, ay.

 E   B
I'm so obsessed,

                      C♯m   A
My heart is bound to beat right out my untrimmed chest.

     E   B
I believe in you, like a virgin, you're Ma - donna,

                C♯m   A B
And I'm always gonna wanna blow your mind.

Chorus 2   As Chorus 1

Bridge
     E   B   C♯m
The way you can cut a rug,   watching you's the only drug I need.

                                 A
You're so gangsta, I'm so thug, you're the only one I'm dreaming of.

 E   B
You see, I can be myself now final - ly,

                     C♯m
In fact there's nothing I can't be.

       C♯m7   A   B
I want the world to see you be with me.

Chorus 3
     A   B   E   B   A
Hey soul sister, ain't that Mr. Mister on the radio, stereo,

 B   B   E
The way you move ain't fair, you know.

 A   B   E   B   A   B
Hey soul sister, I   don't want to miss a single thing you do to - night.

 A   B   E   B   A   B   E
Hey soul sister, I   don't want to miss a single thing you do___ to - night.

    B   C♯m   A
Hey,___ hey, ___hey.___

 E   B   C♯m   A B
To - night, hey,___ hey,___ hey___

 E
To - night.

Hey Ya!

Words & Music by André Benjamin

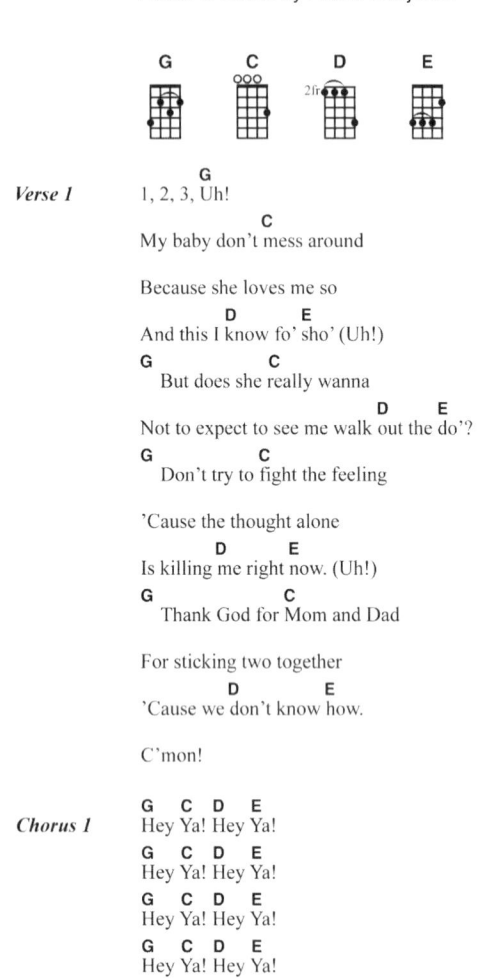

Verse 1

    G
1, 2, 3, Uh!
            C
My baby don't mess around

Because she loves me so
          D   **E**
And this I know fo' sho' (Uh!)
G   **C**
  But does she really wanna
                           D   **E**
Not to expect to see me walk out the do'?
G   **C**
  Don't try to fight the feeling

'Cause the thought alone
       D   **E**
Is killing me right now. (Uh!)
G   **C**
  Thank God for Mom and Dad

For sticking two together
      D   **E**
'Cause we don't know how.

C'mon!

Chorus 1

G C D E
Hey Ya! Hey Ya!
G C D E
Hey Ya! Hey Ya!
G C D E
Hey Ya! Hey Ya!
G C D E
Hey Ya! Hey Ya!

© Copyright 2003 Gnat Booty Music, USA.
Chrysalis Music Limited.
All Rights Reserved. International Copyright Secured.

Verse 2   **G**
               You think you've got it
C
Oh, you think you've got it

But got it just don't get it
          D   **E**
'Til there's nothing at all. (Ah!)
G
  We get together
C
Oh, we get together

But separate's always better
            D   **E**
When there's feelings in - volved. (Oh!)
G   **C**
  If what they say is "nothing is forever"

Then what makes,

Then what makes,
D
Then what makes,
E
Then what makes,

Then what makes, (What makes? What makes?)

Love the exception?
G
  So why oh, why oh
C
Why oh, why oh, why oh

Are we so in denial
      D   **E**   **N.C.**
When we know we're not happy here?

Chorus 2   **G**   **C**
Y'all don't want to hear me, you just want to dance,
        (Hey   Ya!)
D **E**
(Hey Ya!)
                            G   **C**
Don't want to meet your daddy,   just want you in my Caddy
                     (Hey   Ya!)

cont.
     D E
(Hey Ya!)

                      G   **C**
Don't want to meet your momma,   just want to make you come-a
                 (Hey   Ya!)

D   **E**
  I'm,   I'm
(Hey Ya!)

G   **C**   **D**   **E**
  I'm just being honest, I'm just being honest
(Hey   Ya!)   (Hey   Ya!)

Verse 3   Hey! Alright now!

        G   **C**
Alright now, fellas! (Yeah!)

                               D E
Now what's cooler than being cool? (Ice cold!)

I can't hear ya!

                        G   **C**
I say what's, what's cooler than being cool? (Ice cold!)

                           D   **E**
Alright, alright, alright, alright, al - right, alright, al - right,

Alright, alright, alright, alright, alright, alright, alright,

         G   **C**
Okay now, ladies! (Yeah!)

                                     D   **E**
Now we gon' break this thing down in just a few seconds

                                         G
Now don't have me break this thing down for nothin!

  C
Now I wanna see y'all on y'all baddest behaviour!

D   **E**
Lend me some sugar!

I am your neighbour!

Ah! Here we go! Uh!

Breakdown
       (D)
       Shake it, sh-shake it
             (C)
       Shake it, sh-shake it

       Shake it, sh-shake it
       (D)
       Shake it, shake it
       (E)
       Sh-shake it

                        (D)
       Shake it like a Polaroid picture (Hey ya!)
       (C)
       Shake it, sh-shake it (Ok!)

       Shake it, sh-shake it
       (D)
       Shake it, shake it (Ok!)
       (E)
       Shake it, sh-shake it (Shake it sugar!)

       Shake it like a Polaroid picture
       (D)   **(C)**
       Now all Beyonce's and Lucy Lui's and baby dolls
       (D)   **(E)**
         Get on the floor

       (Git on the flo')
                  (D) (C)
       You know what to do,
                       (D)
       You know what to do,
       (E)
         You know what to do.

Chorus 3
       ‖: **G C   D E**
         Hey Ya! (Oh oh!) Hey Ya! (Oh oh!)
       G C   D E
       Hey Ya! (Oh oh!) Hey Ya! (Oh oh! Hey Ya!)
       G C   D E
       Hey Ya! (Oh oh!) Hey Ya! (Oh oh!)
       G C   D E
       Hey Ya! (Oh oh!) Hey Ya! (Oh oh!) :‖ *Repeat to fade*

Hold On

Words & Music by Tom Waits & Kathleen Brennan

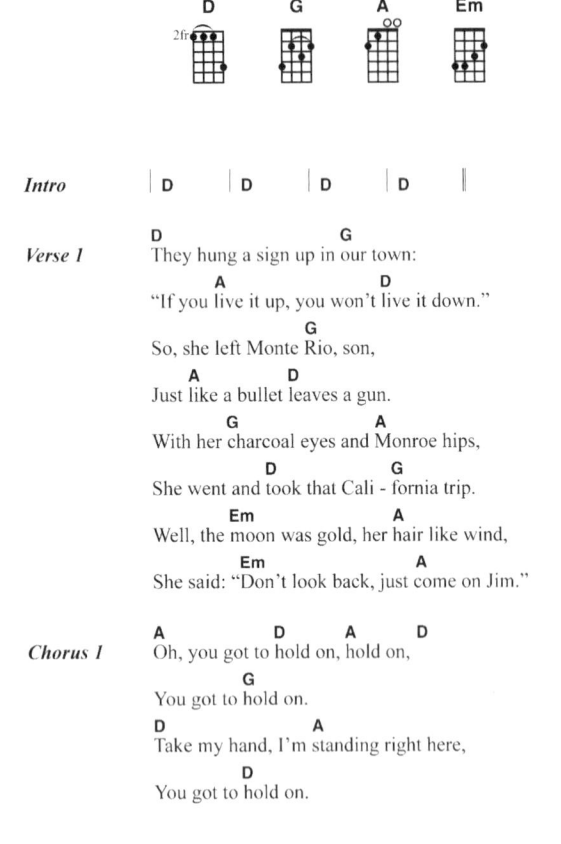

Intro	| D | D | D | D ||

Verse 1

    D   **G**
They hung a sign up in our town:
     A   **D**
"If you live it up, you won't live it down."
                G
So, she left Monte Rio, son,
  A   **D**
Just like a bullet leaves a gun.
      G   **A**
With her charcoal eyes and Monroe hips,
           D   **G**
She went and took that Cali - fornia trip.
      Em   **A**
Well, the moon was gold, her hair like wind,
        Em   **A**
She said: "Don't look back, just come on Jim."

Chorus 1

 A   **D**   **A**   **D**
Oh, you got to hold on, hold on,
   G
You got to hold on.
D   **A**
Take my hand, I'm standing right here,
  D
You got to hold on.

© Copyright 1999 Jalma Music Incorporated, USA.
Universal Music Publishing MGB Limited.
All Rights Reserved. International Copyright Secured.

Verse 2
```
         D            G
Well, he gave her a dime-store watch
     A            D
And a ring made from a spoon.
                       G
Everyone is looking for someone to blame,
               A             D
When you share my bed, you share my name.
         G                A
Well, go ahead and call the cops,
           D                 G
You don't meet nice girls in coffee shops.
Em                        A
She said: "Baby, I still love you,
     Em                   A
Some - times there's nothing left to do."
```

Chorus 2
```
A          D     A      D
Oh, but you got to hold on, hold on,
         G
Baby got to hold on.
    D                        A
And take a-my hand, I'm standing right here,
         D
You got to hold on.
```

Verse 3
```
D                              G
Well, God bless your crooked little heart,
     A            D
St. Louis got the best of me.
                  G
I miss your broken - china voice,
        A                   D
How I wish you were still here with me.
     G                         A
Oh, you build it up, you wreck it down,
          D                    G
And you burn your mansion to the ground.
      Em                     A
Oh, there's nothing left to keep you here,
           Em                       A
Oh, when you're falling behind in this big blue world.
```

Chorus 3
     A   **D**   **A**   **D**
Oh, you got to hold on, hold on,
         G
Baby got to hold on.
D   **A**
Take my hand, I'm standing right here,
      D
You got to hold on.

Verse 4
D   **G**
Now, down by the River - side motel,
    A   **D**
It's ten below and falling.
       G
By a ninety - nine cent store,
   A   **D**
She closed her eyes and started swaying.
   G   **A**
But it's so hard to dance that way,
     D   **G**
When it's cold and there's no music.
        Em   **A**
Oh, your old hometown's so far away,
         Em   **A**
But, in - side your head there's a record that's playing...

Chorus 4
A   **D**   **A**   **D**
A song called hold on, hold on,
        G
Baby got to hold on.
D   **A**
Take my hand, I'm standing right there,
  D
Got to hold on.

Chorus 5
D   **A**   **D**
You got to hold on, hold on,
        G
Baby got to hold on.
D   **A**
Take my hand, I'm standing right there,
    D
You got to hold on.

Chorus 6

    D   **A**   **D**
You got to hold on, hold on,
      G
Baby got to hold on.
  D   **A**
And take my hand, I'm standing right here,
      D
You got to hold on.

Chorus 7

  D   **A**   **D**
You got to hold on, hold on,
      G
Baby got to hold on.
D   **A**
And take my hand, I'm standing right here,
  D
You got to hold on.

Outro

      D
𝄆 You got to hold on. 𝄇 *Play 8 times*

How Deep Is Your Love

Words & Music by Barry Gibb, Maurice Gibb & Robin Gibb

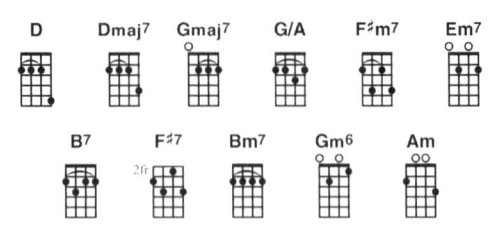

To match original recording tune ukulele up one semitone

Intro ‖: D | Dmaj7 | Gmaj7 | G/A :‖

Verse 1
          D   F♯m7   Em7
I know your eyes in the morning sun,
B7   Em7   F♯7   G/A
I feel you touch me in the pouring rain,
          D   F♯m7   Bm7
And the moment that you wander far from me
     Em7   G/A
I wanna feel you in my arms again.
     Gmaj7   F♯m7
And you come to me on a summer breeze,
     Em7   Gm6
Keep me warm in your love, then you softly leave
     F♯m7   G/A
And it's me you need to show: (How deep is your love)

Chorus 1
         D   Dmaj7
How deep is your love, how deep is your love,
Gmaj7   Gm6
I really mean to learn.
       D   Am
'Cause we're living in a world of fools
     B7   Em7
Breaking us down, when they all should let us be,
    Gm6
We belong to you and me.

© Copyright 1977 Crompton Songs/Gibb Brothers Music.
Warner/Chappell Music Limited/
Universal Music Publishing MGB Limited.
All Rights Reserved. International Copyright Secured.

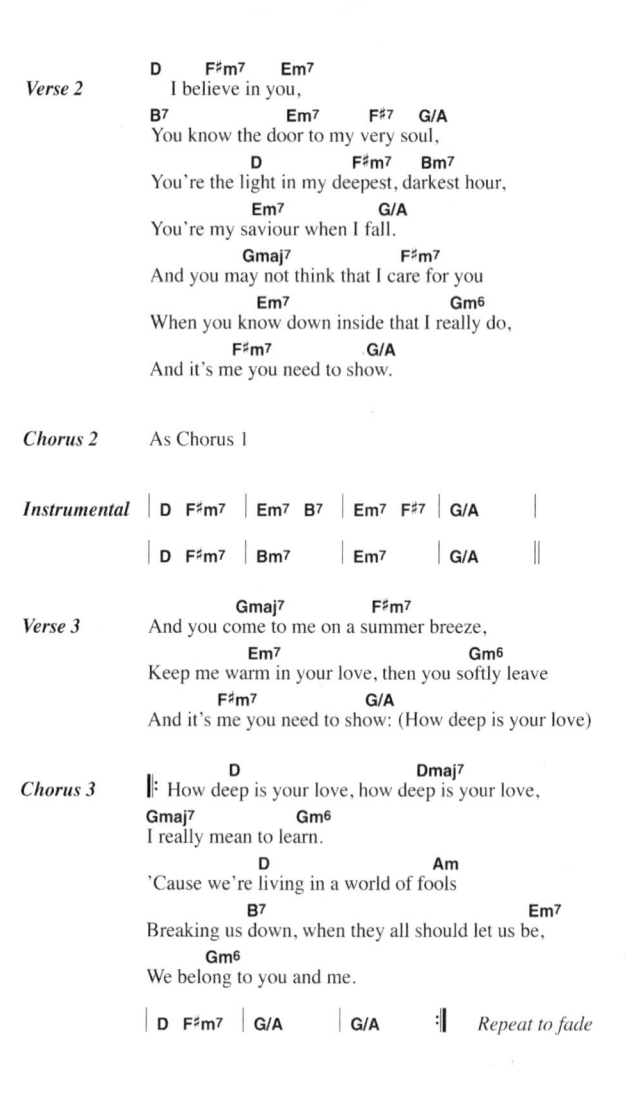

Verse 2

      D   **F♯m7**   **Em7**
I believe in you,
B7   **Em7**   **F♯7** **G/A**
You know the door to my very soul,
           D   **F♯m7**   **Bm7**
You're the light in my deepest, darkest hour,
   Em7   **G/A**
You're my saviour when I fall.
       Gmaj7   **F♯m7**
And you may not think that I care for you
      Em7   **Gm6**
When you know down inside that I really do,
  F♯m7   **G/A**
And it's me you need to show.

Chorus 2   As Chorus 1

Instrumental | **D F♯m7** | **Em7 B7** | **Em7 F♯7** | **G/A** |

               | **D F♯m7** | **Bm7** | **Em7** | **G/A** ||

Verse 3

       Gmaj7   **F♯m7**
And you come to me on a summer breeze,
      Em7   **Gm6**
Keep me warm in your love, then you softly leave
  F♯m7   **G/A**
And it's me you need to show: (How deep is your love)

Chorus 3

    D   **Dmaj7**
||: How deep is your love, how deep is your love,
Gmaj7   **Gm6**
I really mean to learn.
     D   **Am**
'Cause we're living in a world of fools
     B7   **Em7**
Breaking us down, when they all should let us be,
  Gm6
We belong to you and me.

           | **D F♯m7** | **G/A** | **G/A** :|| *Repeat to fade*

Hound Dog

Words & Music by Jerry Leiber & Mike Stoller

C F7 G F D♭

Chorus 1

    N.C.   C
You ain't nothing but a hound dog, crying all the time.
                          F7   C
You ain't nothing but a hound dog, crying all the time.
                  G
Well, you ain't never caught a rabbit
           F   C
And you ain't no friend of mine.

Verse 1

    N.C.   C
Well they said you was high class, well that was just a lie,
                       F7   C
Yeah they said you was high class, well that was just a lie.
                  G
Yeah, you ain't never caught a rabbit
           F   C
And you ain't no friend of mine.

Chorus 2   As Chorus 1

Solo | C | C | C | C | F7 | F7 |

         | C | C | G | F | C | C ||

Verse 2

                       C
Well they said you was high class, well that was just a lie,
                       F7   C
Yeah they said you was high class, well that was just a lie.
                  G
Yeah, you ain't never caught a rabbit
           F   C
And you ain't no friend of mine.

© Copyright 1956 Universal/MCA Music Limited/
Chappell Morris Limited.
All Rights Reserved. International Copyright Secured.

Solo | C | C | C | C | F7 | F7 |
| C | C | G | F | C | C ||

Verse 3
                                C
Well they said you was high class, well that was just a lie,
                         F7   C
You know they said you was high class, well that was just a lie.
           G
Yeah, you ain't never caught a rabbit
N.C.   C
You ain't no friend of mine.

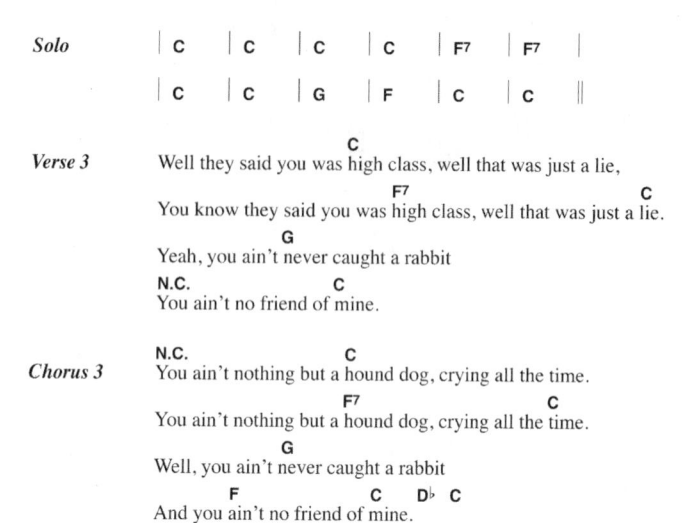

Chorus 3
N.C.   C
You ain't nothing but a hound dog, crying all the time.
                  F7   C
You ain't nothing but a hound dog, crying all the time.
           G
Well, you ain't never caught a rabbit
        F   C   D♭ C
And you ain't no friend of mine.

Heaven

Words & Music by Bryan Adams & Jim Vallance

C Am G F Dm B♭ Gsus4

Intro | C Am | G F | C Am | G F ||

Verse 1
    C   Am   G
Oh, thinking about all our younger years,
  Dm   Am
There was only you and me.
     B♭   Gsus4 G
We were young and wild and free,
  C   Am   G
Now nothing can take you away from me.
      Dm   Am
We've been down that road before
   B♭   F
But that's over now,
   Gsus4   G
You keep me coming back for more.

Chorus 1
 F   G   Am
Baby you're all I want:
   C   F
When you're lying here in my arms
   G   Am   G
I'm finding it hard to believe, we're in heaven.
 F   G   Am
And love is all that I need
  C   F
And I found it there in your heart,
 G   Am   G
It isn't too hard to see we're in heaven.

© Copyright 1984 Almo Music Corporation, USA/
Adams Communications Incorporated/
Testatyme Music, USA/
Irving Music Corporation, USA.
Rondor Music International.
All Rights Reserved. International Copyright Secured.

Link | C Am | G F ||

Verse 2
```
        C        Am                    G
     Oh, once in your life you find someone
              Dm              Am
     Who will turn your world around,
              B♭                   Gsus4  G
     Bring you up when you're feeling down.
     C        Am                             G
        Yeah, nothing could change what you mean to me.
              Dm            Am
     Oh, there's lots that I could say
              B♭         F
     But just hold me now,
              Gsus4             G
     'Cause our love will light the way.
```

Chorus 2
```
        F         G       Am
     And baby you're all that I want
              C                F
     When you're lying here in my arms
              G          Am         G
     I'm finding it hard to believe we're in heaven.
        F      G         Am
     Yeah, love is all that I need
              C                F
     And I found it there in your heart,
              G         Am      G
     It isn't too hard to see we're in heaven.
```

Middle
```
     Dm                 C       F
        I've been waiting for so long
                  G       Am                       G
     For something  to arrive, for love to come along. ___
     C Dm                  C         F
           Now our dreams are  coming true
                                       C
     Through the good times and the bad.
              Gsus4           G
     Yeah, I'll be standing there by you.
```

Solo | F G Am | C F | F G Am | G ||

Chorus 3   F   G   Am
And baby you're all that I want:
            C   F
When you're lying here in my arms
          G   Am   G
I'm finding it hard to believe we're in heaven.
  F   G   Am
And love is all that I need
    C   F
And I found it there in your heart,
     G   Am   G
It isn't too hard to see we're in heaven, _____

Heaven. _____

Coda | F G Am | C   F |
  F   G
You're all that I want,
  Am   G
You're all that I need. _____ *Fade out*

The Joker

Words & Music by Steve Miller, Eddie Curtis & Ahmet Ertegun

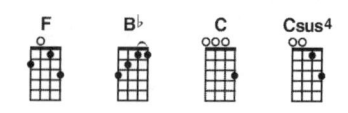

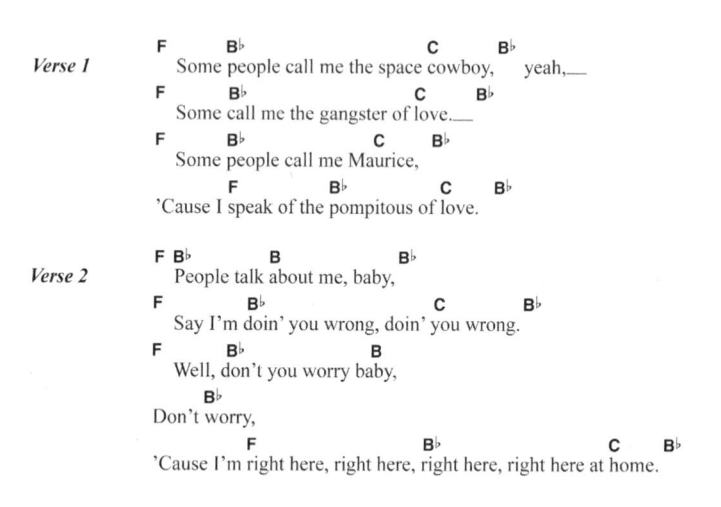

Verse 1
    F   B♭   C   B♭
Some people call me the space cowboy,   yeah,⎯
  F   B♭   C   B♭
Some call me the gangster of love.⎯
  F   B♭   C   B♭
Some people call me Maurice,
        F   B♭   C   B♭
'Cause I speak of the pompitous of love.

Verse 2
 F B♭   B   B♭
People talk about me, baby,
 F   B♭   C   B♭
Say I'm doin' you wrong, doin' you wrong.
 F   B♭   B
Well, don't you worry baby,
   B♭
Don't worry,
      F   B♭   C   B♭
'Cause I'm right here, right here, right here, right here at home.

© Copyright 1974 Sailor Music.
P & P Songs Limited.
All Rights Reserved. International Copyright Secured.

Chorus 1

    B♭   F   B♭
   'Cause I'm a picker, I'm a grinner
   F   B♭
I'm a lover and I'm a sinner,
F   B♭   C B♭
   I play my music in the sun.___
   F   B♭
I'm a joker, I'm a smoker,
   F   B♭
I'm a midnight toker,
F   B♭   C   Csus4
   I get my lovin' on the run.

Wooo,___

Wooo.___

Guitar solo 1 ‖: F B♭ | C B♭ | F B♭ | C B♭ :‖

Verse 3

F   B♭   C   B♭
You're the cutest thing that I ever did see,
  F   B♭   C   B♭
I really love your peaches, want to shake your tree.
F   B♭   C   B♭
   Lovey-dovey, lovey-dovey, lovey-dovey all the time,___
F   B♭   C   B♭
   Ooo-weee baby, I'll sure show you a good time.

Chorus 2

   B♭   F   B♭
   'Cause I'm a picker, I'm a grinner,
   F   B♭
I'm a lover and I'm a sinner,
F   B♭   C B♭
   I play my music in the sun.___
   F   B♭
I'm a joker, I'm a smoker,
   F   B♭
I'm a midnight toker,
F   B♭   C   B♭
   I sure don't want to hurt no-one.

Guitar solo 2 | F B♭ | F B♭ | F B♭ | C B♭ |

                 | F B♭ | F B♭ | F B♭ | Csus⁴ ‖

Link

Csus⁴
Wooo__

Wooo__

Verse 4

F   **B♭**   **C**   **B♭**
Peo - ple keep talking a - bout me baby,

F   **B♭**   **C**   **B♭**
  They say I'm doin' you wrong.

F   **B♭**   **C**   **B♭**
  Well don't you worry, don't worry, no don't worry mama,

F   **B♭**   **C**   **B♭**
  'Cause I'm right here at home.

Verse 5

F B♭   **C**   **B♭**
  You're the cutest thing I ever did see,

F   **B♭**   **C**   **B♭**
Really love your peaches want to shake your tree.

F   **B♭**   **C**   **B♭**
  Lovey-dovey, lovey-dovey, lovey-dovey all the time,

F   **B♭**   **C**   **B♭**
  Come on baby and I'll show you a good time.

Fade out

I Saw Her Standing There

Words & Music by John Lennon & Paul McCartney

E7   A7   B7   C   E9

Intro | E7 | E7 | E7 | E7 ||

Verse 1
           E7
Well, she was just seventeen,
    A7   E7
You know what I mean,
                               B7
And the way she looked was way beyond compare.
 E7   A7
So how could I dance with another,
C   E7   B7   E7
Oh, when I saw her standing there.

Verse 2
         E7
Well, she looked at me,
  A7   E7
And I, I could see,
                          B7
That before too long, I'd fall in love with her.
E7   A7
She wouldn't dance with another,
C   E7   B7   E7
Oh, when I saw her standing there.

Bridge 1
       A7
Well, my heart went boom

When I crossed that room,
                B7   A7
And I held her hand in mine.

© Copyright 1963 Sony/ATV Music Publishing.
All Rights Reserved. International Copyright Secured.

Verse 3

        E7
Well, we danced through the night,
    A7   E7
And we held each other tight,
                                B7
And before too long I fell in love with her.
E7   A7
Now I'll never dance with another,
C   E7   B7   E7
Oh, when I saw her standing there.

Solo

| E7 | E7 | E7 | E7 | E7 | E7 |
| B7 | B7 | E7 | E7 | A7 | A7 |
| E7 | B7 | E7 | E7 ‖

Bridge 2

A7
Well, my heart went boom

When I crossed that room,
                 B7   A7
And I held her hand in mine. _____

Verse 4

   E7
Oh, we danced through the night,
    A7   E7
And we held each other tight,
                         B7
And before too long I fell in love with her.
E7   A7
Now I'll never dance with another,
C   E7   B7   E7
Oh, since I saw her standing there,
               B7   E7
Oh, since I saw her standing there,
                   B7   A7   E7   E9
Yeah, well since I saw her standing there.

Imagine

Words & Music by John Lennon

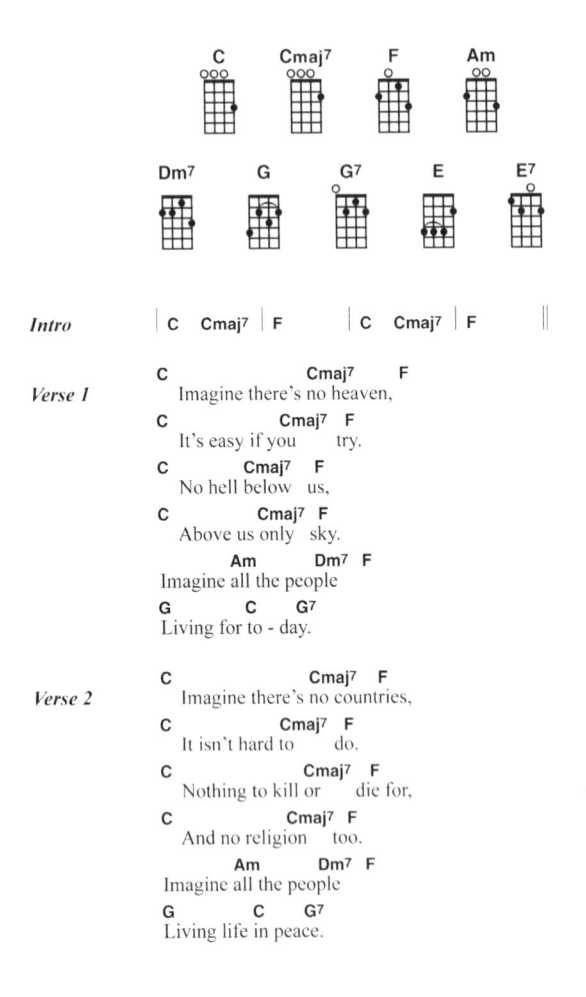

C   Cmaj7   F   Am

Dm7   G   G7   E   E7

Intro | C Cmaj7 | F | C Cmaj7 | F ||

Verse 1
C　　　　　　Cmaj7　F
Imagine there's no heaven,
C　　　　　Cmaj7　F
It's easy if you　　try.
C　　　Cmaj7　F
No hell below us,
C　　　　Cmaj7　F
Above us only sky.
　　　　　Am　　　Dm7　F
Imagine all the people
G　　　C　　G7
Living for to - day.

Verse 2
C　　　　　　Cmaj7　F
Imagine there's no countries,
C　　　　Cmaj7　F
It isn't hard to　do.
C　　　　　Cmaj7　F
Nothing to kill or　die for,
C　　　　　Cmaj7　F
And no religion too.
　　　　　Am　　　Dm7　F
Imagine all the people
G　　　C　　G7
Living life in peace.

© Copyright 1971 Lenono Music.
All Rights Reserved. International Copyright Secured.

Chorus 1

```
    F         G       C         Cmaj7  E  E7
    You may say I'm a dreamer,
    F         G         C  Cmaj7  E  E7
    But I'm not the only one.
    F            G       C        Cmaj7  E  E7
    I hope some day you'll join us,
    F         G          C
    And the world will be as one.
```

Verse 3

```
C              Cmaj7  F
Imagine no posses - sions,
C              Cmaj7  F
I wonder if you      can.
C                 Cmaj7  F
No need for greed or    hunger,
C                Cmaj7  F
A brotherhood of       man.
        Am         Dm7    F
Imagine all the people
G       C     G7
Sharing all the world.
```

Chorus 2

```
    F         G       C         Cmaj7  E  E7
    You may say I'm a dreamer,
    F         G         C  Cmaj7  E  E7
    But I'm not the only one.
    F            G       C        Cmaj7  E  E7
    I hope some day you'll join us,
    F         G          C
    And the world will live as one.
```

Linger

Words by Dolores O'Riordan
Music by Dolores O'Riordan & Noel Hogan

Dsus4   D   A6   A   C   Cmaj7   G

Intro   ‖: Dsus4 | D | Dsus4 | D :‖ Dsus4 ‖

| A6 A | A6 | C Cmaj7 | C Cmaj7 | G | G ‖

Verse 1
    D
If you, if you could return,
    A6
Don't let it burn, don't let it fade.
    C
I'm sure I'm not being rude,

But it's just your attitude,
    G
It's tearing me apart,

It's ruining ev'rything.

Verse 2
    D
I swore, I swore I would be true,
    A6
And honey, so did you,
    C
So why were you holding her hand?

Is that the way we stand?
    G
Were you lying all the time?

Was it just a game to you?

© Copyright 1992 Island Music Limited.
Universal/Island Music Limited.
All Rights Reserved. International Copyright Secured.

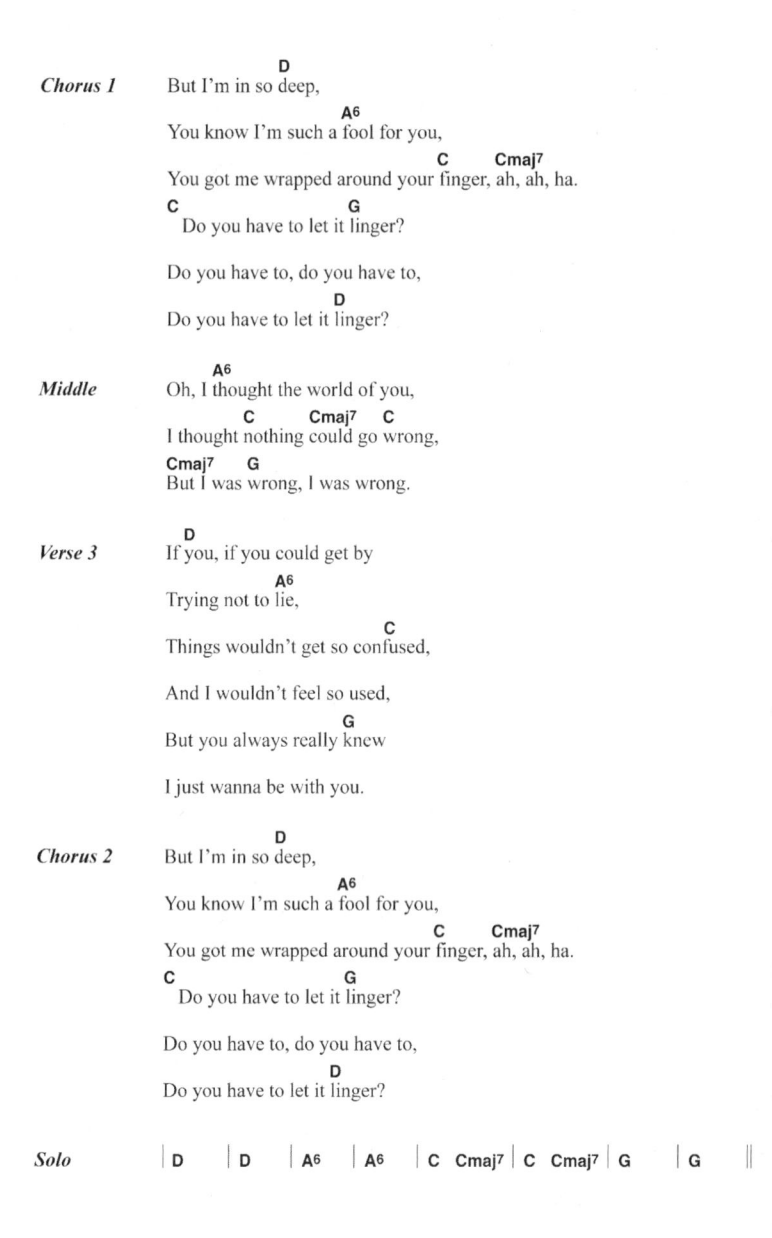

Chorus 1

      D
But I'm in so deep,

        A6
You know I'm such a fool for you,

                         C   **Cmaj7**
You got me wrapped around your finger, ah, ah, ha.

C   **G**
  Do you have to let it linger?

Do you have to, do you have to,

        D
Do you have to let it linger?

Middle

    A6
Oh, I thought the world of you,

    C   **Cmaj7**   **C**
I thought nothing could go wrong,

Cmaj7   **G**
But I was wrong, I was wrong.

Verse 3

    D
If you, if you could get by

  A6
Trying not to lie,

                     C
Things wouldn't get so confused,

And I wouldn't feel so used,

              G
But you always really knew

I just wanna be with you.

Chorus 2

      D
But I'm in so deep,

        A6
You know I'm such a fool for you,

                         C   **Cmaj7**
You got me wrapped around your finger, ah, ah, ha.

C   **G**
  Do you have to let it linger?

Do you have to, do you have to,

        D
Do you have to let it linger?

Solo | D | D | A6 | A6 | C Cmaj7 | C Cmaj7 | G | G ||

Chorus 3
          D
But I'm in so deep,

              A[6]
You know I'm such a fool for you,

                       C   **Cmaj**[7]
You got me wrapped around your finger, ah, ah, ha.

C   **G**
  Do you have to let it linger?

Do you have to, do you have to,

         D
Do you have to let it linger?

Chorus 4
              A[6]
You know I'm such a fool for you,

                       C   **Cmaj**[7]
You got me wrapped around your finger, ah, ah, ha.

C   **G**
  Do you have to let it linger?

Do you have to, do you have to,

         D
Do you have to let it linger?

Outro | D | D | A[6] | A[6] | C Cmaj[7] | C Cmaj[7] | G | G |

              | D | D Dsus[4] | D | D Dsus[4] | D | D Dsus[4] | D ||

Little Lion Man

Words & Music by Mumford & Sons

Dm   F   Csus4   Fsus4   C6(sus4)   C7(sus4)

Intro   ‖: Dm | Dm | F | F :‖
           ‖: Dm | Dm | F | F :‖

Verse 1
Dm
Weep for yourself, my man,
                              F
You'll never be what is in your heart.
Dm
Weep little lion man,
                                   F
You're not as brave as you were at the start.
Csus4
Rate yourself and rake yourself,
Dm   **F**
Take all the courage you have left.
  Csus4
You wasted on fixing all the
Dm   **F**
Problems that you made in your own head.

© Copyright 2009 Universal Music Publishing Limited.
All Rights Reserved. International Copyright Secured.

Chorus 1	F Dm Fsus4 F
	But it was not your fault but mine,
	            Dm Fsus4 F
	And it was your heart on the line.
	      Dm Fsus4 F
	I really fucked it up this time,
	       C6(sus4)
	Didn't I, my dear?
	
	Didn't I, my?	

Link 1   ‖: Dm | Dm | F | F   :‖

Verse 2

Dm
Tremble for yourself, my man,
   Dm   F
You know that you have seen this all be - fore.
Dm
Tremble little lion man,
    Dm   F
You'll never settle any of your scores.
     Csus4
Your grace is wasted in your face,
    Dm   F
Your boldness stands a - lone among the wreck.
     Csus4
Now learn from your mother or else
Dm   F
Spend your days biting your own neck.

Chorus 2

F   Dm   Fsus4 F
But it was not your fault but mine,
            Dm   Fsus4 F
And it was your heart on the line.
      Dm   Fsus4 F
I really fucked it up this time,
       C6(sus4)
Didn't I, my dear?

Chorus 3

     F   Dm   Fsus4   F
But it was not your fault but mine,

            Dm   Fsus4 F
And it was your heart on the line.

      Dm   Fsus4 F
I really fucked it up this time,

       C6(sus4)
Didn't I, my dear?

      (Dm)
Didn't I, my dear?

Interlude

‖: Dm | Dm | F | F :‖ Fsus4 | F |

| C7(sus4) | C7(sus4) | F | F | C7(sus4) | C7(sus4) ‖

Fsus4 F C7(sus4)
Ah._____

    Fsus4 F C7(sus4)
Ah._____

    Fsus4 F C7(sus4)
Ah._____

    Fsus4 F C7(sus4)
Ah._____

    Fsus4 F C7(sus4)
Ah._____

    Fsus4 F C7(sus4)
Ah._____

Chorus 4

C7(sus4) Dm   Fsus4   F
But it was not your fault but mine,

           Dm   Fsus4 F
And it was your heart on the line.

      Dm   Fsus4 F
I really fucked it up this time,

       C6(sus4)
Didn't I, my dear?

      N.C.
But it was not your fault but mine,

And it was your heart on the line.

I really fucked it up this time,

Didn't I, my dear?

    F
Didn't I, my dear?

Jolene

Words & Music by Dolly Parton

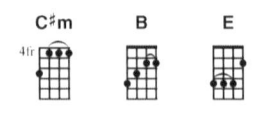

C#m   B   E

Intro | C#m | C#m | C#m | C#m ||

Chorus 1
    C#m E B C#m
Jolene, Jolene, Jolene, Jolene
 B   C#m
I'm begging of you please don't take my man.
        E B C#m
Jolene, Jolene, Jolene, Jolene
 B   C#m
Please don't take him just because you can.

Verse 1
      C#m   E
Your beauty is beyond compare,
             B   C#m
With flaming locks of auburn hair,
       B   C#m
With iv'ry skin and eyes of em'rald green.
                    E
Your smile is like a breath of spring,
       B   C#m
Your voice is soft like summer rain,
     B   C#m
And I cannot compete with you, Jolene.

Verse 2
     C#m   E
He talks about you in his sleep
         B   C#m
And there's nothing I can do to keep
     B   C#m
From crying when he calls your name, Jolene.

© Copyright 1973 Velvet Apple Music, USA.
Carlin Music Corporation.
All Rights Reserved. International Copyright Secured.

cont.

         E
And I can eas'ly understand

  B   **C♯m**
How you could eas'ly take my man

  B   **C♯m**
But you don't know what he means to me, Jolene.

Chorus 2

C♯m   **E**   **B**   **C♯m**
Jolene, Jolene, Jolene, Jolene

  B   **C♯m**
I'm begging of you please don't take my man.

       E   **B**   **C♯m**
Jolene, Jolene, Jolene, Jolene

B   **C♯m**
Please don't take him just because you can.

Verse 3

C♯m   **E**
You could have your choice of men,

B   **C♯m**
But I could never love again,

B   **C♯m**
He's the only one for me, Jolene.

           E
I had to have this talk with you,

  B   **C♯m**
My happiness depends on you

    B   **C♯m**
And whatever you decide to do, Jolene.

Chorus 3

C♯m   **E**   **B**   **C♯m**
Jolene, Jolene, Jolene, Jolene

  B   **C♯m**
I'm begging of you please don't take my man.

       E   **B**   **C♯m**
Jolene, Jolene, Jolene, Jolene

B   **C♯m**
Please don't take him even though you can.

Jolene, Jolene.

Outro

‖: C♯m | C♯m | C♯m | C♯m :‖   *Repeat to fade*

Killing Me Softly With His Song

Words by Norman Gimbel
Music by Charles Fox

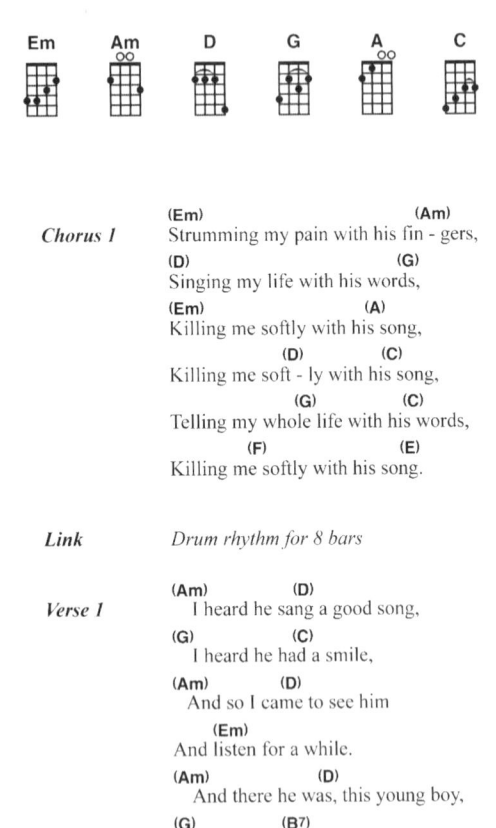

Chorus 1
(Em)   (Am)
Strumming my pain with his fin - gers,
(D)   (G)
Singing my life with his words,
(Em)   (A)
Killing me softly with his song,
(D)   (C)
Killing me soft - ly with his song,
(G)   (C)
Telling my whole life with his words,
(F)   (E)
Killing me softly with his song.

Link   *Drum rhythm for 8 bars*

Verse 1
(Am)   (D)
I heard he sang a good song,
(G)   (C)
I heard he had a smile,
(Am)   (D)
And so I came to see him
(Em)
And listen for a while.
(Am)   (D)
And there he was, this young boy,
(G)   (B7)
A stranger to my eyes.

© Copyright 1972 Words West LLC/
Rodali Music, USA.
Hal Leonard Corporation/
Warner/Chappell Music North America Limited.
All Rights Reserved. International Copyright Secured.

Chorus 2

    Em   **Am**
Strumming my pain with his fin - gers,
D   **G**
Singing my life with his words,
Em   **A**
Killing me softly with his song,
       D   **C**
Killing me soft - ly with his song,
       G   **C**
Telling my whole life with his words,
    F   **E**
Killing me softly with his song.

Verse 2

(Am)   **(D)**   **(G)**
  I felt all flushed with fever,
      (C)
Embarrassed by the crowd,
(Am)   **(D)**
  I felt he found my letters
    (Em)
And read each one out loud.
(Am)   **(D)**
  I prayed that he would finish,
(G)   **(B7)**
  But he just kept right on...

Chorus 3   As Chorus 2

Middle

Em **Am**   **D**   **G**
Oh, _____ oh, _____
Em   **A**
La la la la la la,
D **C** **G**   **C F** **E**
Woh la, woh la, _____ la.

Chorus 4   𝄆 As Chorus 2 𝄇   *Repeat to fade with ad lib. vocal*

Layla

Words & Music by Eric Clapton & Jim Gordon

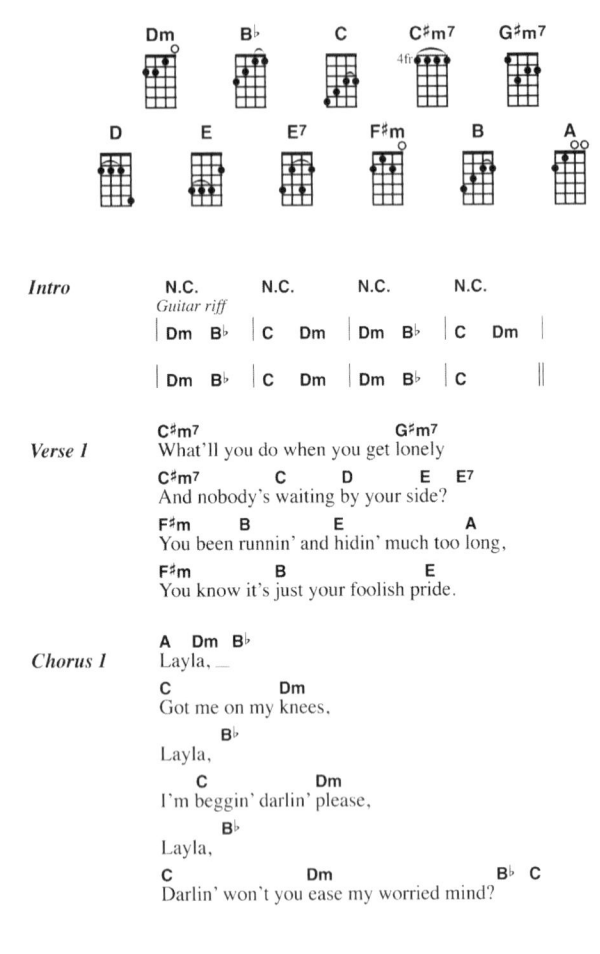

Dm B♭ C C♯m7 G♯m7

D E E7 F♯m B A

Intro
    N.C.   N.C.   N.C.   N.C.
Guitar riff
| Dm B♭ | C Dm | Dm B♭ | C Dm |

| Dm B♭ | C Dm | Dm B♭ | C | ||

Verse 1
C♯m7   G♯m7
What'll you do when you get lonely
C♯m7   C   D   E   E7
And nobody's waiting by your side?
F♯m   B   E   A
You been runnin' and hidin' much too long,
F♯m   B   E
You know it's just your foolish pride.

Chorus 1
A Dm B♭
Layla, __
C   Dm
Got me on my knees,
      B♭
Layla,
   C   Dm
I'm beggin' darlin' please,
    B♭
Layla,
C   Dm   B♭ C
Darlin' won't you ease my worried mind?

© Copyright 1970 Eric Clapton.
All Rights Reserved. International Copyright Secured.

Verse 2

C#m7　　　　　　　　　G#m7
Tried to give you consolation

C#m7　　　　C　　D　　　E　E7
When your old man let you down.

F#m　B　　E　　　　　　　A
Like a fool, I fell in love with you,

F#m　　　　B　　　　　　　E
You turned my whole world upside down.

Chorus 2

　A　Dm　B♭
Layla, __

C　　　　　　　Dm
Got me on my knees,

　　　B♭
Layla,

　　C　　　　　Dm
I'm beggin' darlin' please,

　　B♭
Layla,

C　　　　　　　Dm　　　　　　　　B♭　C
Darlin' won't you ease my worried mind?

Verse 3

C#m7　　　　　　　　G#m7
Make the best of the situation

C#m7　　　C　　D　　E　　E7
Before I finally go insane.

F#m　　　　B　　　　E　　　　　A
Please don't say we'll never find a way,

F#m　　　　　B　　　　　　E
Don't tell me all my love's in vain.

Chorus 3

‖:　A　Dm　B♭
　　Layla, __

C　　　　　　　Dm
Got me on my knees,

　　　B♭
Layla,

　　C　　　　　Dm
I'm beggin' darlin' please,

　　B♭
Layla,

C　　　　　　　Dm　　　　　　　　B♭　C　　:‖　　*Repeat to fade*
Darlin' won't you ease my worried mind?

Let It Be

Words & Music by John Lennon & Paul McCartney

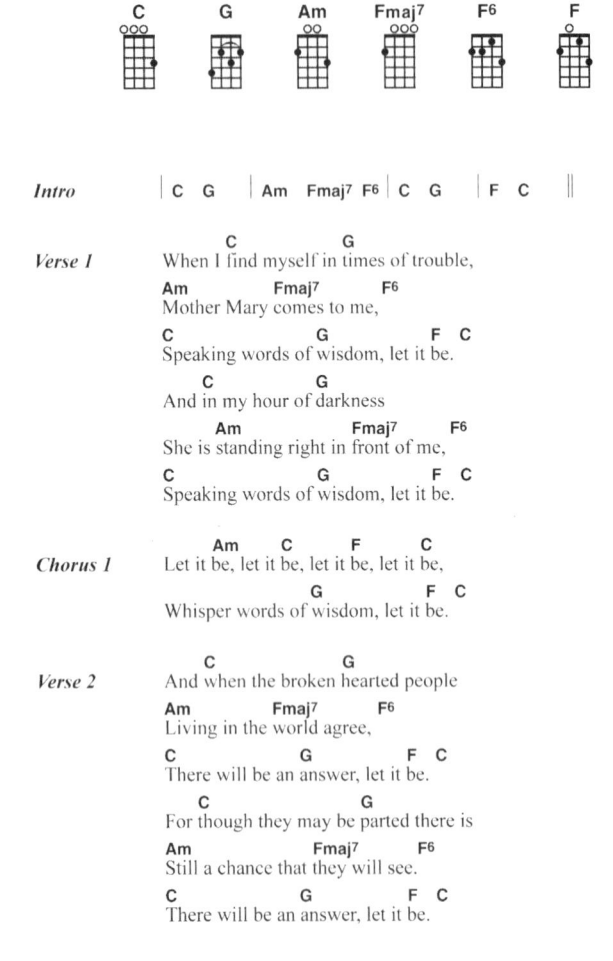

Intro | C   G | Am   Fmaj7   F6 | C   G | F   C ||

Verse 1
```
           C              G
When I find myself in times of trouble,
Am          Fmaj7    F6
Mother Mary comes to me,
C          G          F  C
Speaking words of wisdom, let it be.
     C           G
And in my hour of darkness
     Am             Fmaj7    F6
She is standing right in front of me,
C          G          F  C
Speaking words of wisdom, let it be.
```

Chorus 1
```
        Am    C    F    C
Let it be, let it be, let it be, let it be,
             G           F  C
Whisper words of wisdom, let it be.
```

Verse 2
```
         C            G
And when the broken hearted people
Am          Fmaj7    F6
Living in the world agree,
C          G          F  C
There will be an answer, let it be.
      C              G
For though they may be parted there is
Am               Fmaj7    F6
Still a chance that they will see.
C          G          F  C
There will be an answer, let it be.
```

© Copyright 1970 Sony/ATV Music Publishing.
All Rights Reserved. International Copyright Secured.

Chorus 2

      Am   **C**   **F**   **C**
Let it be, let it be, let it be, let it be,
                   G   **F C**
There will be an answer, let it be.
      Am   **C**   **F**   **C**
Let it be, let it be, let it be, let it be,
               G   **F C**
Whisper words of wisdom, let it be.

| F   C | G F C | F   C | G F C |

Solo ‖: C   G | Am   F | C   G | F   C :‖

Chorus 3

      Am   **C**   **F**   **C**
Let it be, let it be, let it be, let it be,
               G   **F C**
Whisper words of wisdom, let it be.

Verse 3

      C   **G**
And when the night is cloudy,
      Am   **Fmaj7**   **F6**
There is still a light that shines on me,
C   **G**   **F C**
Shine until tomorrow, let it be.
C   **G**
I wake up to the sound of music,
Am   **Fmaj7**   **F6**
Mother Mary comes to me,
C   **G**   **F C**
Speaking words of wisdom, let it be.

Chorus 4

      Am   **C**   **F**   **C**
Let it be, let it be, let it be, let it be,
               G   **F C**
There will be an answer, let it be.
      Am   **C**   **F**   **C**
Let it be, let it be, let it be, let it be,
               G   **F C**
There will be an answer, let it be.
      Am   **C**   **F**   **C**
Let it be, let it be, let it be, let it be,
               G   **F C**
Whisper words of wisdom, let it be.

| F   C | G F C ‖

Mrs. Robinson

Words & Music by Paul Simon

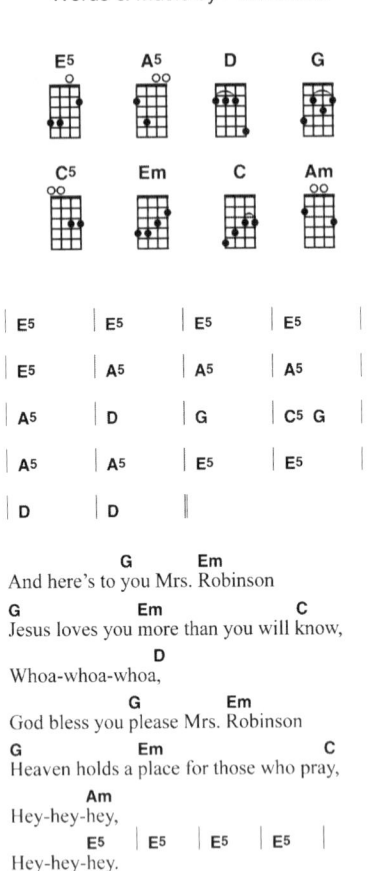

E5 A5 D G
C5 Em C Am

Intro

E5	E5	E5	E5
E5	A5	A5	A5
A5	D	G	C5 G
A5	A5	E5	E5
D	D	

Chorus 1

            G   Em
And here's to you Mrs. Robinson
G   Em   C
Jesus loves you more than you will know,
        D
Whoa-whoa-whoa,
           G   Em
God bless you please Mrs. Robinson
G   Em   C
Heaven holds a place for those who pray,
        Am
Hey-hey-hey,
      E5 | E5 | E5 | E5 |
Hey-hey-hey.

© Copyright 1968, 1970 Paul Simon (BMI).
All Rights Reserved. International Copyright Secured.

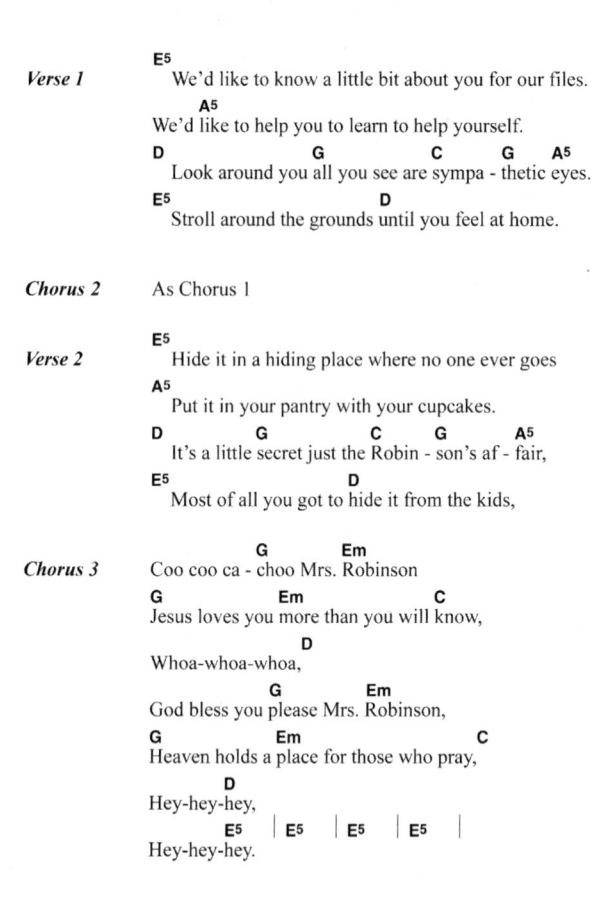

Verse 1

      E5
      We'd like to know a little bit about you for our files.
      A5
We'd like to help you to learn to help yourself.
D   **G**   **C**   **G**   **A5**
  Look around you all you see are sympa - thetic eyes.
E5   **D**
  Stroll around the grounds until you feel at home.

Chorus 2   As Chorus 1

Verse 2

      E5
      Hide it in a hiding place where no one ever goes
      A5
      Put it in your pantry with your cupcakes.
D   **G**   **C**   **G**   **A5**
  It's a little secret just the Robin - son's af - fair,
E5   **D**
  Most of all you got to hide it from the kids,

Chorus 3

     G   **Em**
Coo coo ca - choo Mrs. Robinson
G   **Em**   **C**
Jesus loves you more than you will know,
        D
Whoa-whoa-whoa,
     G   **Em**
God bless you please Mrs. Robinson,
G   **Em**   **C**
Heaven holds a place for those who pray,
  D
Hey-hey-hey,
      E5 | **E5** | **E5** | **E5** |
Hey-hey-hey.

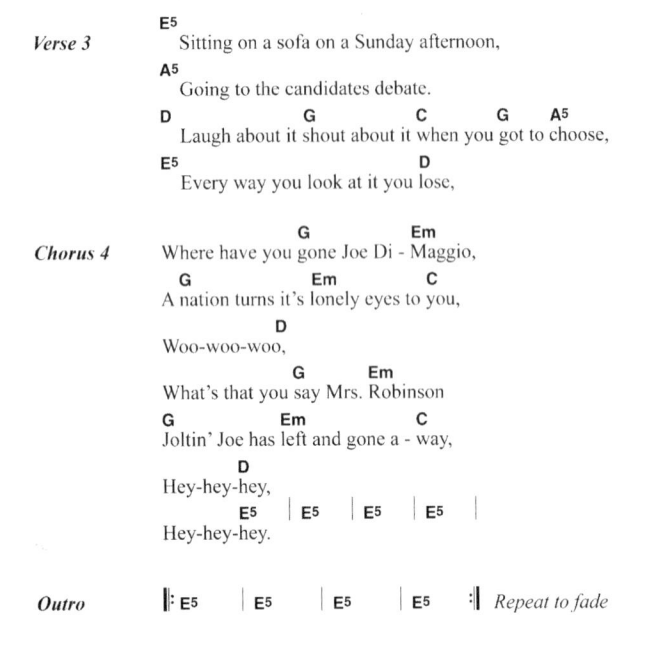

Verse 3
        E5
        Sitting on a sofa on a Sunday afternoon,
        A5
        Going to the candidates debate.
        D   **G**   **C**   **G**   **A5**
        Laugh about it shout about it when you got to choose,
        E5   **D**
        Every way you look at it you lose,

Chorus 4
                G   **Em**
Where have you gone Joe Di - Maggio,
G   **Em**   **C**
A nation turns it's lonely eyes to you,
     D
Woo-woo-woo,
          G   **Em**
What's that you say Mrs. Robinson
G   **Em**   **C**
Joltin' Joe has left and gone a - way,
    D
Hey-hey-hey,
     E5 | **E5** | **E5** | **E5** |
Hey-hey-hey.

Outro ||: **E5** | **E5** | **E5** | **E5**   :|| *Repeat to fade*

Nothing Ever Happens

Words & Music by Justin Currie

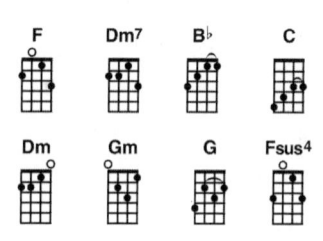

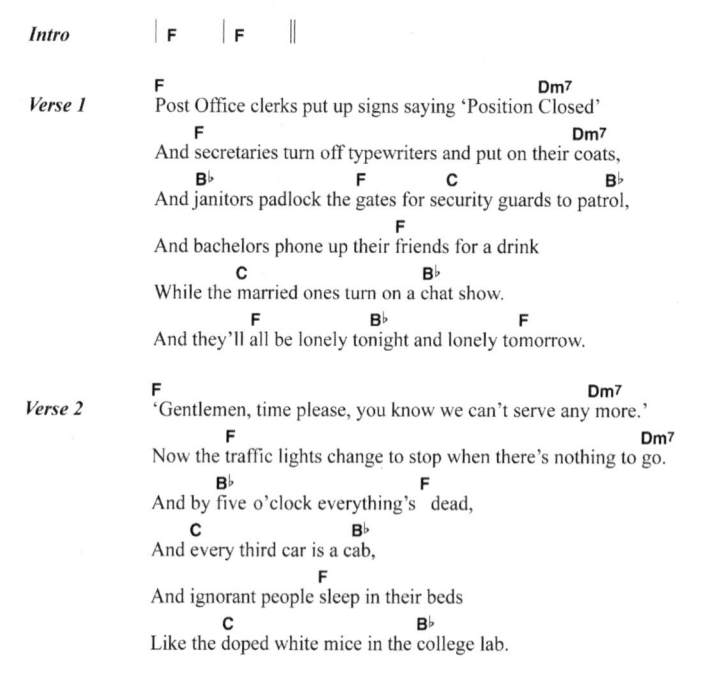

| Intro | **F** | **F** ‖

Verse 1
    F   **Dm7**
Post Office clerks put up signs saying 'Position Closed'
  F   **Dm7**
And secretaries turn off typewriters and put on their coats,
  B♭   **F**   **C**   **B♭**
And janitors padlock the gates for security guards to patrol,
                 F
And bachelors phone up their friends for a drink
    C   **B♭**
While the married ones turn on a chat show.
      F   **B♭**   **F**
And they'll all be lonely tonight and lonely tomorrow.

Verse 2
  F   **Dm7**
'Gentlemen, time please, you know we can't serve any more.'
    F   **Dm7**
Now the traffic lights change to stop when there's nothing to go.
  B♭   **F**
And by five o'clock everything's dead,
  C   **B♭**
And every third car is a cab,
            F
And ignorant people sleep in their beds
  C   **B♭**
Like the doped white mice in the college lab.

© Copyright 1989 PolyGram Music Publishing Limited.
Universal Music Publishing Limited.
All Rights Reserved. International Copyright Secured.

Chorus 1
      F   **B♭**
And nothing ever happens,
F   **B♭**
  Nothing happens at all:
  Dm   **B♭**
The needle returns to the start of the song
    C   **B♭**
And we all sing along like before,
      F   **B♭**
And we'll all be lonely tonight
      F
And lonely tomorrow.

Verse 3
    F   **C**   **Dm7**
The telephone exchanges click while there's nobody there.
 F
The Martians could land in the car park
       Dm7
And no-one could care.
B♭   **F**
The close-circuit cameras in department stores
    C   **B♭**
Shoot the same movie everyday
                           F
And the stars of these films neither die nor get killed,
    C   **B♭** **F Gm C**
Just survive constant action replay.

Chorus 2   As Chorus 1

Bridge | **G** | **Dm7** | **G** | **Dm7** |

            | **F** **G** | **F** **G** | **F**   ‖

Verse 4
     F   **Dm7**
And bill hoardings advertise products that nobody needs,
    F
While 'Angry from Manchester' writes
             Dm7
To complain about all the repeats on TV;

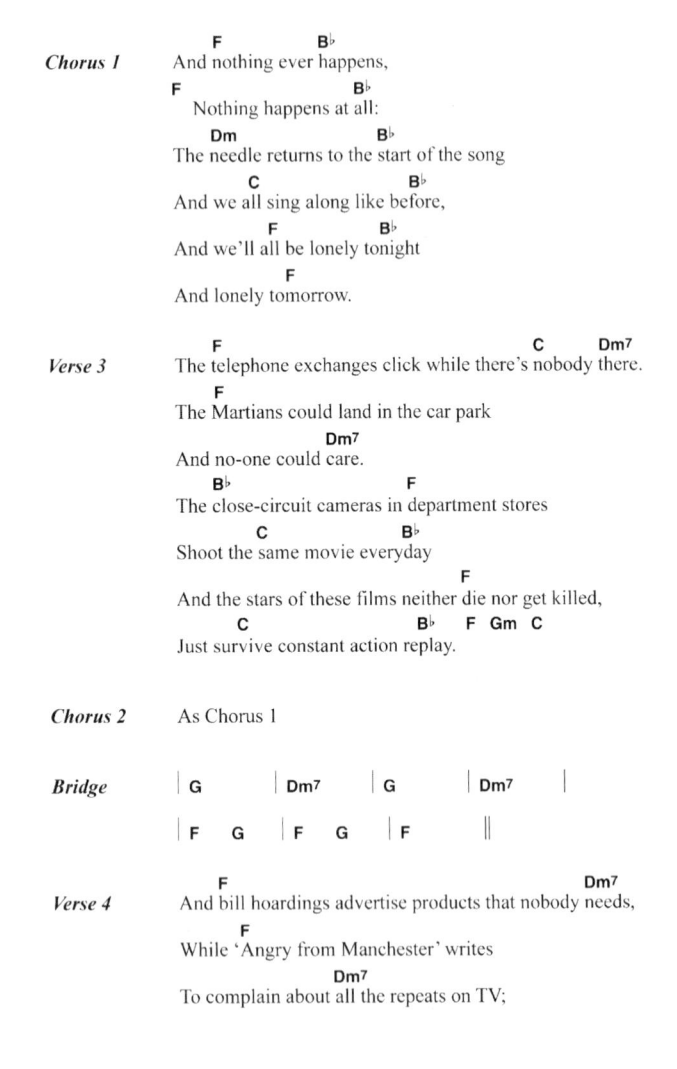

	B♭ **F**
cont.	And computer terminals report

                C   **B♭**
Some gains in the values of copper and tin,

                        F
While American businessmen snap up Van Goghs

    C   **B♭**   **F Gm C**
For the price of a hospital wing.

        F   **B♭**

Chorus 3   And nothing ever happens,

F   **B♭**
  Nothing happens at all:

  Dm   **B♭**
The needle returns to the start of the song

    C   **B♭**
And we all sing along like before.

F   **B♭**
And nothing ever happens,

F   **B♭**
  Nothing happens at all:

  Dm   **B♭**
They'll burn down the synagogues at six o'clock,

    C   **B♭**
And we'll all go along like before,

      F   **Fsus⁴**
And we'll all be lonely tonight

     F
And lonely tomorrow.

Louie Louie

Words & Music by Richard Berry

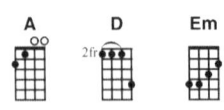

To match original recording tune ukulele slightly flat

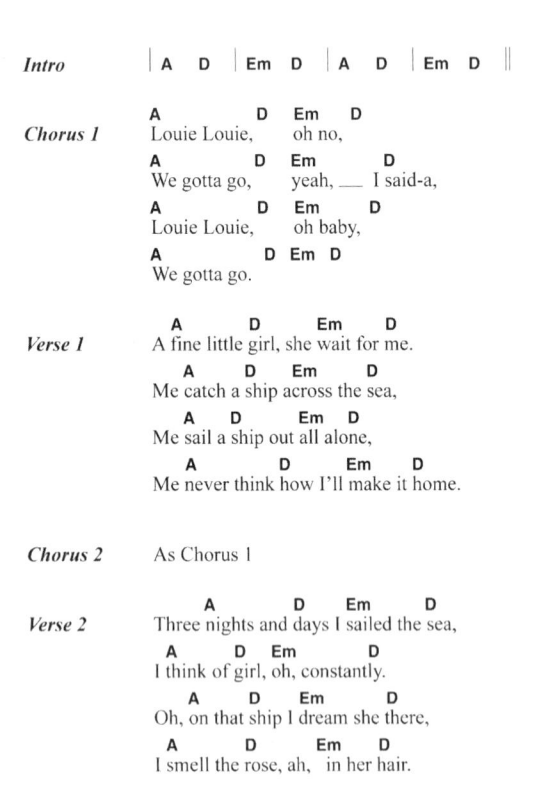

Intro | A D | Em D | A D | Em D ||

Chorus 1
    A   **D**   **Em**   **D**
Louie Louie,   oh no,
    A   **D**   **Em**   **D**
We gotta go,   yeah, __ I said-a,
    A   **D**   **Em**   **D**
Louie Louie,   oh baby,
    A   **D** **Em** **D**
We gotta go.

Verse 1
      A   **D**   **Em**   **D**
A fine little girl, she wait for me.
    A   **D**   **Em**   **D**
Me catch a ship across the sea,
    A   **D**   **Em**   **D**
Me sail a ship out all alone,
     A   **D**   **Em**   **D**
Me never think how I'll make it home.

Chorus 2   As Chorus 1

Verse 2
       A   **D**   **Em**   **D**
Three nights and days I sailed the sea,
    A   **D** **Em**   **D**
I think of girl, oh, constantly.
     A   **D**   **Em**   **D**
Oh, on that ship I dream she there,
    A   **D**   **Em**   **D**
I smell the rose, ah, in her hair.

© Copyright 1957 EMI Longitude Music, USA.
EMI Music Publishing Limited.
All Rights Reserved. International Copyright Secured.

Chorus 3

    A   **D**   **Em**   **D**
Louie Louie,   oh no,

A   **D**   **Em**   **D**
We gotta go,   yeah, __ I said-a,

A   **D**   **Em**   **D**
Louie Louie,   oh baby, I said-a

A
We gotta go.

D Em   **D**
Okay, let's give it to them! Right now!

Guitar solo   ‖: **A D** | **Em D** | **A D** | **Em D** :‖ *Play 4 times*

| **A D** | **Em D** ‖

Verse 3

     A   **D**   **Em**   **D**
Me see Jamaican moon above,

    A   **D**   **Em**   **D**
It won't be long me see me love.

     A   **D**   **Em**   **D**
Me take her in my arms and then

    A   **D**   **Em**   **D**
I tell her I'll never leave again.

Chorus 4

A   **D**   **Em**   **D**
Louie Louie,   oh no,

A   **D**   **Em**   **D**
We gotta go,   yeah, __ I said-a,

A   **D**   **Em**   **D**
Louie Louie,   oh baby, I said-a

A   **D Em D**
We gotta go.

Coda

           A   **D Em D**
I said, we gotta go now,

| **A D** | **Em D** | **A**   ‖
                        Let's go.

Lovin' You

Words & Music by Minnie Riperton & Richard Rudolph

Intro ‖: Dmaj7 C♯m7 | Bm7 Amaj7 :‖

Verse 1
Dmaj7 C♯m7 Bm7   Amaj7
Lovin' you is easy 'cause you're beautiful
Dmaj7   C♯m7 Bm7   Amaj7
 Makin' love with you, is all I wanna do.
Dmaj7   C♯m7 Bm7   Amaj7
Lovin' you is more than just a dream come true
Dmaj7   C♯m7 Bm7   Amaj7
 And everything that I do, is out of lovin' you.

Chorus 1
Dmaj7   C♯m7
La la la la la, la la la la la
Bm7   Amaj7
La la la la la la la la la la
Dmaj7   C♯m7
 Do do do do do
Bm7   Amaj7
Ah - ah - ah -ah - ah - ah.

Bridge 1
Bm7   C♯m7
No one else can make me feel
  Bm7   C♯m7   A   A6/9
The colours that you bring.
Bm7   C♯m7
Stay with me while we grow old
  Bm7   C♯m7   D   E
And we will live each day in springtime,

© Copyright 1972 Dickiebird Music And Publishing Company/
Embassy Music Corporation, USA.
Campbell Connelly & Company Limited.
All Rights Reserved. International Copyright Secured.

Verse 2

    Dmaj⁷   C♯m⁷   Bm⁷   Amaj⁷
'Cause lovin' you has made my life so beautiful

    Dmaj⁷   C♯m⁷ Bm⁷   Amaj⁷
And every day of my life is filled with lovin' you.

    Dmaj⁷ C♯m⁷ Bm⁷   Amaj⁷
Lovin' you I see your soul come shinin' through

    Dmaj⁷   C♯m⁷   Bm⁷   Amaj⁷
And every time that we   ooooh, I'm more in love with you.

Chorus 2

Dmaj⁷   C♯m⁷
La la la la la, la la la la la

Bm⁷   Amaj⁷
La la la la la la la la la la la

Dmaj⁷   C♯m⁷
Do do do do do

Bm⁷   Amaj⁷
Ah - ah - ah -ah - ah - ah.

Bridge 2

Bm⁷   C♯m⁷
No one else can make me feel

   Bm⁷   C♯m⁷   A   A⁶ᐟ⁹
The colours that you bring.

Bm⁷   C♯m⁷
Stay with me while we grow old

   Bm⁷   C♯m⁷   D   E
And we will live each day in springtime,

Verse 3

    Dmaj⁷   C♯m⁷ Bm⁷   Amaj⁷
'Cause lovin' you is easy 'cause you're beautiful

    Dmaj⁷   C♯m⁷ Bm⁷   Amaj⁷
And every day of my life is filled with lovin' you.

    Dmaj⁷ C♯m⁷ Bm⁷   Amaj⁷
Lovin' you I see your soul come shinin' through

    Dmaj⁷   C♯m⁷   Bm⁷   Amaj⁷
And every time that we   ooooh, I'm more in love with you.

Chorus 3

Dmaj⁷   C♯m⁷
La la la la la, la la la la la

Bm⁷   Amaj⁷
La la la la la la la la la la la

Dmaj⁷   C♯m⁷
 Do do do do do

Bm⁷   Amaj⁷
Ah - ah - ah -ah - ah - ah.

Outro   ‖: Dmaj⁷ C♯m⁷ | Bm⁷ Amaj⁷ :‖   *ad lib. vocals to fade*

Mad World

Words & Music by Roland Orzabal

F#m   A   E   B   B(add4)

Intro   *Drums for 4 bars*

Verse 1
F#m   A
All around me are familiar faces,
E   B
Worn out places, worn out faces.
F#m   A
Bright and early for their daily races,
E   B
Going nowhere, going nowhere.
F#m   A
And their tears are filling up their glasses,
E   B
No expression, no expression.
F#m   A
Hide my head I want to drown my sorrow,
E   B
No tommorow, no tommorow.

Prechorus 1
F#m   B
And I find it kind of funny,
        F#m
I find it kind of sad.
        B
The dreams in which I'm dying
        F#m
Are the best I've ever had.
        B
I find it hard to tell you
        F#m
'Cause I find it hard to take.
        B
When people run in circles

It's a very, very....

© Copyright 1982 Roland Orzabal Limited.
Chrysalis Music Limited.
All Rights Reserved. International Copyright Secured.

	F#m B B(add4)
Chorus 1	Mad World,

               F#m   B   B(add4)
               Mad World.

               F#m   B   B(add4)
               Mad World,

               F#m   B   B(add4)
               Mad World.

Verse 2

    F#m   A
Children waiting for the day they feel good,
E   B
Happy Birthday, Happy Birthday!
F#m   A
Made to feel the way that every child should,
E   B
Sit and listen, sit and listen.
F#m   A
Went to school and I was very nervous,
E   B
No one knew me, no one knew me.
F#m   A
'Hello teacher, tell me what's my lesson?'
E   B
Look right through me, look right through me.

Prechorus 2   As Prechorus 1

Chorus 2   As Chorus 1

Instrumental | B(add4) | B(add4) |

                    ||: F#m | A | E | B :||

Prechorus 3   As Prechorus 1

Chorus 3   As Chorus 1

Outro ||: B(add4) | B(add4) | B(add4) :|| *Drums for 2 bars*

The Man Who Sold The World

Words & Music by David Bowie

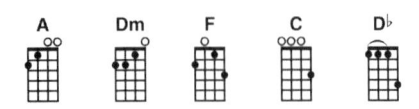

To match original recording tune ukulele down one semitone

Intro | (A) | (A) | (Dm) | (Dm) | F | F | Dm ||

Verse 1
    N.C.   A   Dm
We passed upon the stair, we spoke of was and when.
                   A   F
Although I wasn't there, he said I was his friend
                     C   A
Which came as some surprise, I spoke into his eyes:
                Dm   C
"I thought you died alone, a long, long time ago."

Chorus 1
     C   F   D♭   F
"Oh no, not me, we never lost control.
        C   F
You're face to face
     D♭
With the man who sold the world."

Link 1 | A | A | Dm | Dm | F | F | Dm ||

Verse 2
                A   Dm
I laughed and shook his hand, and made my way back home.
              A   F
I searched for form and land, for years and years I roamed.
                C   A
I gazed a gazely stare at all the millions here,
            Dm   C
I must have died alone, a long, long time ago.

© Copyright 1971 Tintoretto Music/RZO Music Ltd/
EMI Music Publishing Limited/
Chrysalis Music Limited.
All Rights Reserved. International Copyright Secured.

Chorus 2
           C   **F** **D♭**   **F**
"Who knows? Not me, I never lost control.
      C   **F**
You're face to face
    D♭
With the man who sold the world."

Link 2 | A | A | Dm | Dm ||

Chorus 3
           C   **F** **D♭**   **F**
"Who knows? Not me, we never lost control.
      C   **F**
You're face to face
    D♭
With the man who sold the world."

Play 3 times

Coda ||: A | A | Dm | Dm | F | F | Dm | Dm :||

            | A | A | Dm | Dm | F ||

(Marie's The Name) His Latest Flame

Words & Music by Doc Pomus & Mort Shuman

G   Em   C   D

Intro | G | Em | G | Em | G | Em ||

Verse 1
         G Em   G
A very old friend came by today,
Em   G   Em
 'Cause he was telling everyone in town
G   Em
Of the love that he'd just found,
     C   D
And Marie's the name
        G Em | G | Em ||
Of his latest flame.

Verse 2
           G Em   G
He talked and talked and I heard him say
Em   G   Em
  That she had the longest, blackest hair,
 G   Em
The prettiest green eyes anywhere,
     C   D
And Marie's the name
       G Em | G | Em ||
Of his latest flame.

© Copyright 1961 Elvis Presley Music.
All Rights Reserved. International Copyright Secured

Bridge 1

```
        D              C           D        C
Though I smiled the tears inside were burning,
        D              C           D    C
I wished him luck and then he said goodbye.
        D              C              D        C
He was gone but still his words kept returning,
        D              C         G    Em │ G      │ Em   ‖
What else was there for me to do but cry.
```

Verse 3

```
             G    Em      G
Would you believe   that yesterday
Em             G                Em
   This girl was in my arms and swore to me
G             Em
She'd be mine eternally,
              C      D
And Marie's the name
              G    Em │ G    │ Em   ‖
Of his latest flame.
```

Bridge 2   As Bridge 1

Verse 4

```
             G    Em      G
Would you believe   that yesterday
Em             G                Em
   This girl was in my arms and swore to me
G             Em
She'd be mine eternally,
              C      D
And Marie's the name
              G    Em │ G    │
Of his latest flame.
```

Coda

```
  ‖: Em              C    D
      Yeah Marie's the name
              G
Of his latest flame.   :‖    *Repeat to fade*
```

Mmm Mmm Mmm Mmm

Words & Music by Brad Roberts

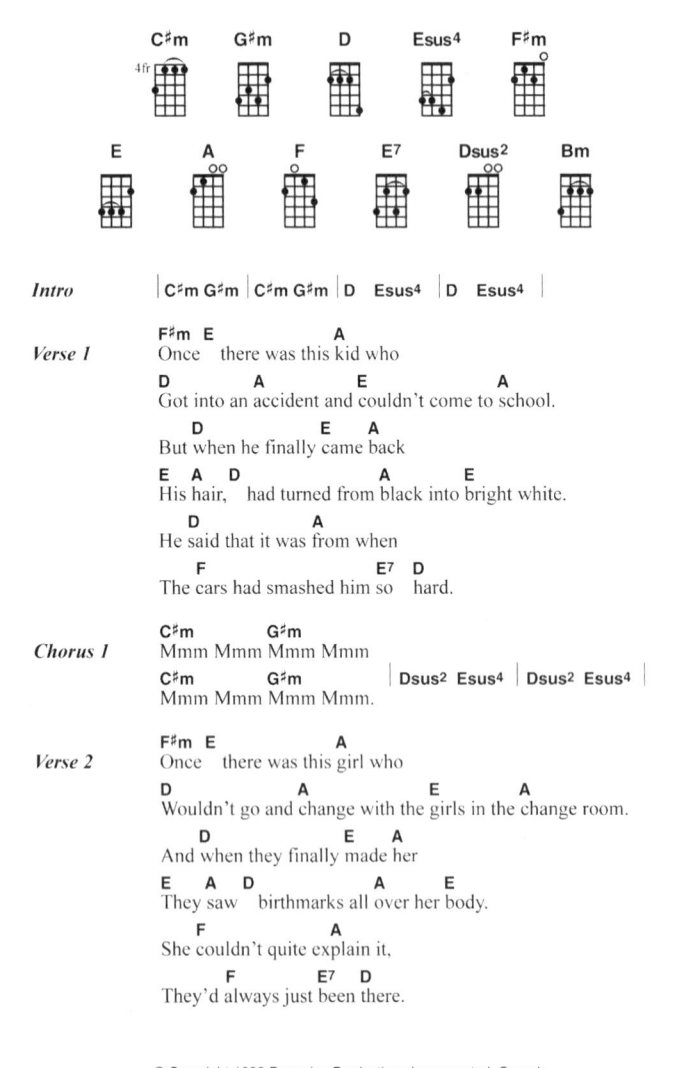

C♯m G♯m D Esus⁴ F♯m
E A F E7 Dsus² Bm

Intro |C♯m G♯m |C♯m G♯m |D Esus⁴ |D Esus⁴ |

Verse 1
F♯m E   A
Once   there was this kid who
D   A   E   A
Got into an accident and couldn't come to school.
    D   E   A
But when he finally came back
E   A   D   A   E
His hair,   had turned from black into bright white.
    D   A
He said that it was from when
        F   E7   D
The cars had smashed him so   hard.

Chorus 1
C♯m   G♯m
Mmm Mmm Mmm Mmm
C♯m   G♯m |Dsus² Esus⁴ |Dsus² Esus⁴ |
Mmm Mmm Mmm Mmm.

Verse 2
F♯m E   A
Once   there was this girl who
D   A   E   A
Wouldn't go and change with the girls in the change room.
    D   E   A
And when they finally made her
E   A   D   A   E
They saw   birthmarks all over her body.
    F   A
She couldn't quite explain it,
           F   E7 D
They'd always just been there.

© Copyright 1993 Dummies Productions Incorporated, Canada.
Universal Music Publishing Limited.
All Rights Reserved. International Copyright Secured.

Chorus 2

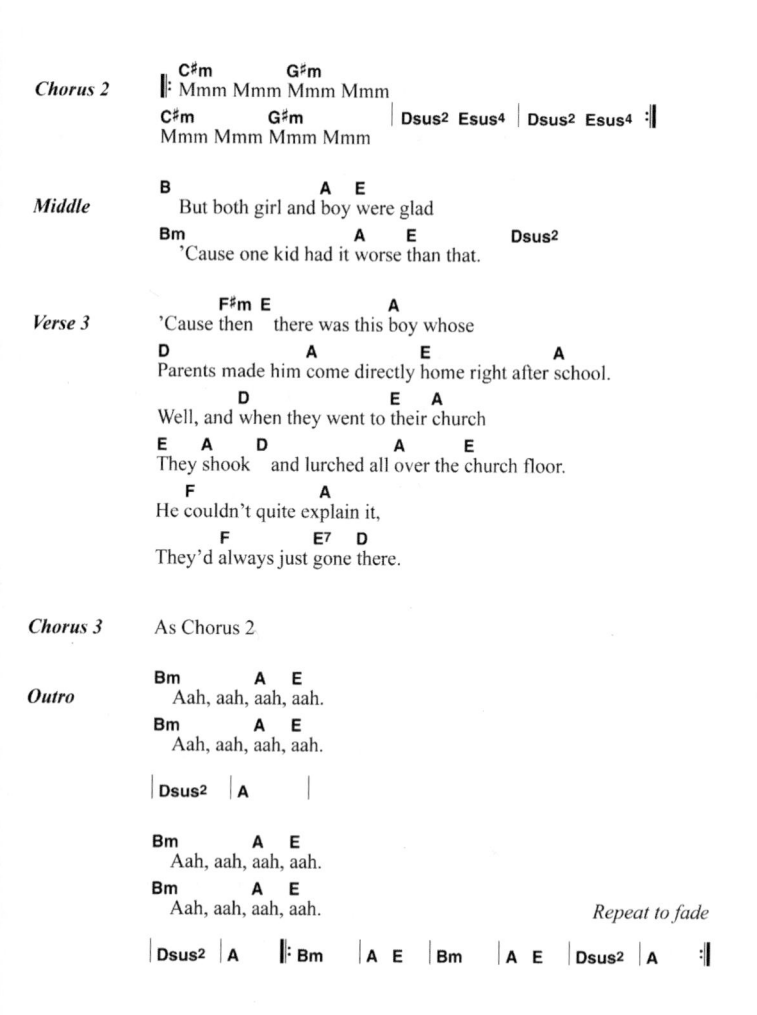

```
  C#m            G#m
‖: Mmm Mmm Mmm Mmm
  C#m            G#m              | Dsus2 Esus4 | Dsus2 Esus4 :‖
  Mmm Mmm Mmm Mmm
```

Middle

B   A   E
But both girl and boy were glad
Bm   A   E   Dsus2
'Cause one kid had it worse than that.

Verse 3

       F#m E   A
'Cause then   there was this boy whose
D   A   E   A
Parents made him come directly home right after school.
       D   E A
Well, and when they went to their church
E   A   D   A   E
They shook   and lurched all over the church floor.
 F   A
He couldn't quite explain it,
     F   E7   D
They'd always just gone there.

Chorus 3

As Chorus 2

Outro

Bm   A   E
Aah, aah, aah, aah.
Bm   A   E
Aah, aah, aah, aah.

| Dsus2 | A |

Bm   A   E
Aah, aah, aah, aah.
Bm   A   E
Aah, aah, aah, aah.

Repeat to fade

| Dsus2 | A   ‖: Bm | A E | Bm | A E | Dsus2 | A :‖

Moon River

Words by Johnny Mercer
Music by Henry Mancini

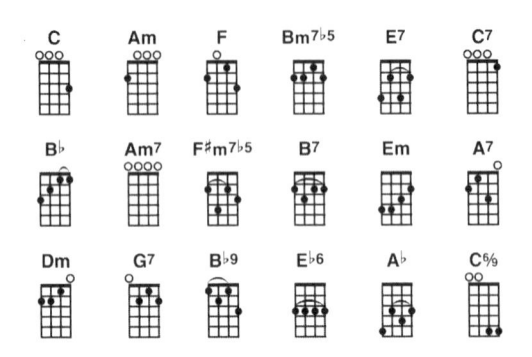

To match recording tune ukulele up a semitone

Intro | C | C ||

Chorus 1
     C Am F   C
Moon river, wider than a mile,
    F   C   Bm7♭5 E7
I'm crossing you in style some day.____
    Am C7   F   B♭
Oh, dream maker, you heart-breaker,
        Am Am7 F♯m7♭5 B7 Em A7 Dm G7
Wher - ever you're go - ing, I'm go - ing your way.

Verse 1
     C Am F   C
Two drifters, off to see the world,
      F   C   Bm7♭5 E7
There's such a lot of world to see.____
Am   C7   F♯m7♭5 F   C   F
 We're af - ter the same   rainbow's end,
                 C   F
Waiting 'round the bend,
           C
My Huckleberry friend,
    Am Dm G7 C B♭9 E♭6 A♭ G7
Moon river and me.

© Copyright 1961 Famous Music LLC, USA.
Sony/ATV Harmony.
All Rights Reserved. International Copyright Secured.

Chorus 2

    C   Am F   C
Moon river, wider than a mile,
  F   C   Bm7♭5 E7
I'm crossing you in style some day._____
     Am C7   F   B♭
Oh, dream maker, you heart-breaker,
         Am Am7 F♯m7♭5 B7   Em A7   Dm G7
Wher - ever you're go - ing, I'm go - ing your way.

Verse 2

    C Am F   C
Two drifters, off to see the world,
      F   C   Bm7♭5 E7
There's such a lot of world to see._____
     Am C7   F♯m7♭5 F   C   F
We're after   that same   rainbow's end,
              C F
Waiting 'round the bend,
            C
My Huckleberry friend,
Am Dm G7 C
Moon river   and me.

Outro

    Am
Moon river,
C Am
Moon river,
C%
Moon.

Movin' On Up

Words & Music by Bobby Gillespie, Robert Young & Andrew Innes

C   F   B♭   G   Dm   A♭

Intro   ‖: C | C F B♭ F | C | C F B♭ F :‖ C | C F B♭ F |

Verse 1
C F B♭ F   C   F   B♭ F   C
   I was blind, now I can see,
F   B♭   F   C   F B♭ F C
You made a believer,   out of me.
F B♭ F   G   C   G   F
   I was blind, now I can see,
F   B♭   F   C   F B♭ F C
You made a believer,   out of me.

Chorus 1
      F   B♭ F   G
I'm movin' on up   now,
           F
Gettin' out of the darkness.
           Dm
My light shines on,
           F
My light shines on,
           C | C F B♭ F |
My light shines on.

Verse 2
C F B♭ F   C   F B♭   F   C
   I was lost,   now I'm found,
F   B♭   F C   F   B♭ F C
I believe in you,   I've got no bounds.
F B♭ F   G   C G   F
   I was lost,   now I'm found,
B♭   F   C   F   B♭ F C
I   believe in you,   I got no bounds.

© Copyright 1991 EMI Music Publishing Ltd. and Complete Music Ltd.
All Rights for EMI Music Publishing Ltd. in the U.S. and Canada
Controlled and Administered by EMI Blackwood Music Inc.
All Rights Reserved. International Copyright Secured.

Chorus 2
              G   **C G**
I'm movin' on up now,
       C G F   **B♭ F**
Gettin' out of the darkness.
    B♭ F **Dm**
My light shines on,
    F
My light shines on,
    B♭ F **C** | **C F B♭ F** |
My light shines on,
F   **B♭ F** **C** | **C F B♭ F** |
  My light shines on,
F   **B♭ F** **C**
  My light shines on.

Instrumental ‖: **C** | **C** | **B♭** | **B♭** | **A♭** | **A♭** | **F** | **F** :‖

‖: **C** | **C F B♭ F** | **C** | **C F B♭ F** :‖

Outro
     C   **B♭**
‖: My light shines on,
A♭   **F**
  My light shines on.   :‖

     C
‖: I'm getting outta darkness,
 B♭
My light shines on.
 A♭
I'm getting outta darkness,
 F
Your light shines on.   :‖   *Repeat to fade*

Not Fade Away

Words & Music by Charles Hardin & Norman Petty

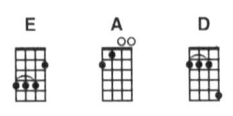

E   A   D

Intro | E A E | E A E | E A E | E A E ||

Verse 1
```
       E                     A    | A   D A |
       I wanna tell you how it's gonna be,
       E              A E  | E   A E |
       You're gonna give your love to me,
       E                   A    | A   D A ||
       I'm gonna love you night and day.
```

Chorus 1
```
              E              A E  | E   A E |
       Well, love is love and not fade a - way,
              E              A E  | E   A E ||
       Well, love is love and not fade a - way.
```

Verse 2
```
            E                      A    | A   D A |
       And my love is bigger than a Cadillac,
            E                  A E  | E   A E |
       I'll try to show it if you drive me back.
            E                A    | A   D A |
       Your love for me has got to be real,
         E                  A E  | E   A E |
       Before you'd have noticed how I  feel.
```

Chorus 2
```
       E            A E  | E   A E |
       Love real not fade a - way,
          E             A E  | E   A E |
       Well love real not fade a - way,    yeah!
```

Instrumental | A D A | A D A E A E | E A E |

              | A D A | A D A E A E | E A E | E A E ||

© Copyright 1957 MPL Communications Incorporated, USA.
Peermusic (UK) Limited.
All Rights Reserved. International Copyright Secured.

Verse 3
```
            E                       A    | A   D   A |
            I wanna tell you how it's gonna be,
            E                    A E   | E   A   E |
            You're gonna give your love to me,
            E                       A    | A   D   A ‖
            Love that lasts more than one day.
```

Chorus 3
```
                     E              A E   | E   A   E |
            Well love is love and not fade a - way,
                     E              A E   | E   A   E |
            Well love is love and not fade a - way,
                     A              E     | A   E     |
            Well love is love and not fade a - way,
                     E   A          E     | E A E A E |
            Well love is love and not fade a - way,
                A    E    A E
            Not fade away.
```
                        Fade out

The Passenger

Words by Iggy Pop
Music by Ricky Gardiner

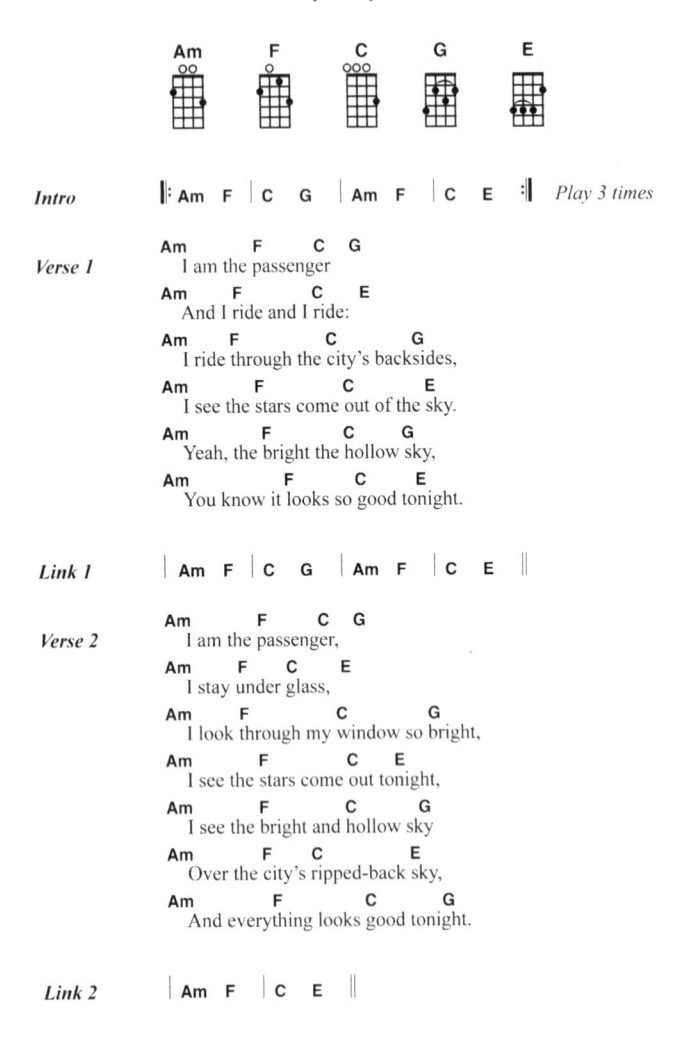

Am   F   C   G   E

| Intro | ‖: Am F | C G | Am F | C E :‖ *Play 3 times* |

Verse 1
    Am   F   C   G
I am the passenger
    Am   F   C   E
And I ride and I ride:
    Am   F   C   G
I ride through the city's backsides,
    Am   F   C   E
I see the stars come out of the sky.
    Am   F   C   G
Yeah, the bright the hollow sky,
    Am   F   C   E
You know it looks so good tonight.

| Link 1 | | Am F | C G | Am F | C E ‖ |

Verse 2
    Am   F   C   G
I am the passenger,
    Am   F   C   E
I stay under glass,
    Am   F   C   G
I look through my window so bright,
    Am   F   C   E
I see the stars come out tonight,
    Am   F   C   G
I see the bright and hollow sky
    Am   F   C   E
Over the city's ripped-back sky,
    Am   F   C   G
And everything looks good tonight.

| Link 2 | | Am F | C E ‖ |

© Copyright 1977 James Osterberg Music/
EMI Virgin Music Limited/
Ricky Gardiner Songs Limited.
All Rights Reserved. International Copyright Secured.

Chorus 1

```
          Am  F   C      G  Am F   C      E
Singing la la, la la, la-la-la-la,  la la, la la, la-la-la-la,
Am  F    C     G
La la, la la, la-la-la-la, la la (la.)
```

Link 3

| Am F | C E | Am F | C G ||
la.

Verse 3

```
Am       F   C  G
  Get into the car,
Am           F    C  E
  We'll be the passenger:
Am         F      C       G
  We'll ride through the city tonight,
Am         F       C          E
  We'll see the city's ripped backsides,
Am         F       C        G
  We'll see the bright and hollow sky,
Am         F       C      E
  We'll see the stars that shine so bright,
Am    F         C      G
  Stars made for us tonight.
```

Link 4

| Am F | C E | Am F | C G | Am F | C E ||

Verse 4

```
Am       F    C  G  Am  F   C     E
  Oh, the passenger     how, how he rides.
Am       F    C  G  Am  F      C       E
  Oh, the passenger    he rides and he rides.
Am         F         C       G
  He looks through his window,
Am    F      C   E
  What does he see?
Am       F         C       G
  He sees the bright and hollow sky,
Am       F         C       E
  He sees the stars come out tonight,
Am       F         C          G
  He sees the city's ripped backsides,
Am       F         C       E
  He sees the winding ocean drive.
Am         F          C        G
  And everything was made for you and me,
Am         F       C        E
  All of it was made for you and me,
```

cont.

```
      Am         F     C      G
         'Cause it just belongs to you and me,
      Am         F     C      E
         So let's take a ride and see what's (mine.)
```

Link 5

```
| Am  F  | C   G  | Am   F  | C    E   ||
  mine.                          Singing:
```

Chorus 2

```
      Am    F     C       G   Am  F    C        E
      La la, la la, la-la-la-la,  la la, la la, la-la-la-la,
      Am    F     C       G
      La la, la la, la-la-la-la, la la (la.)
```

Link 6

```
| Am  F  | C   E  | Am   F  | C    G   ||
  la.
```

Verse 5

```
      Am         F      C  G  Am  F           C     E
         Oh, the passenger       he rides and he rides:
      Am         F        C     G
         He sees things from under glass,
      Am         F        C     E
         He looks through his window side,
      Am         F        C     G
         He sees the things he knows are his.
      Am         F        C     E
         He sees the bright and hollow sky,
      Am            F  C        G
         He sees the city sleep at night,
      Am         F        C     E
         He sees the stars are out tonight.
      Am         F  C           G
         And all of it is yours and mine,
      Am         F  C           E
         And all of it is yours and mine,
      Am         F        C     G       Am  F C E
         So let's ride and ride and ride and ride.
```

Link 7

```
| Am  F  | C   G           ||
              Singing:
```

Chorus 3

```
       Am    F     C       G   Am  F    C        E
    |: La la, la la, la-la-la-la,  la la, la la, la-la-la-la,
       Am    F     C       G
       La la, la la, la-la-la-la, la la. :|  Repeat to fade
```

Romeo And Juliet

Words & Music by Mark Knopfler

F   C   B♭   Dm   Gm

Intro ‖: F C | B♭ C | F C | B♭ C :‖

Verse 1
```
F                    Dm                      C
  A lovestruck Romeo   sings a streetsuss serenade,
F                    Dm                  B♭
  Laying everybody low   with a lovesong that he made.
C              B♭ C           F
  Finds a streetlight,   steps out of the shade,
                    B♭                             C
Says something like   "You and me babe, how about it?"
```

Verse 2
```
F                           Dm                              C
  Juliet says, "Hey it's Romeo,   you nearly gimme a heart attack"
F
  He's underneath the window, she's singing
Dm           B♭
  "Hey la, my boyfriend's back,
C                           B♭ C                         F
  You shouldn't come around here,   singing up at people like that."
B♭                              C
  "Anyway what you going to do about it?"
```

Chorus 1
```
  F  C          Dm             B♭
Juliet,   the dice was loaded from the start
  F   C           Dm                  B♭
And I bet,   and you exploded into my heart,
    C      F     B♭ Dm           B♭
And I for - get, I forget   the movie song.
Gm                       F       B♭         C   Dm   C
  When you gonna realise it was just that the time was wrong,
```

Link 1 | F C | B♭ C | F C | B♭ C ‖
   Juliet.

© Copyright 1980 Straitjacket Songs Limited.
Universal Music Publishing Limited.
All Rights Reserved. International Copyright Secured.

Verse 3
    F   **Dm**   **C**
Come up on different streets,   they both were streets of shame,
F   **Dm**   **B♭**
Both dirty, both mean,   yes and the dream was just the same.
C   **B♭** **C**   **F**
And I dreamed your dream for you   and now your dream is real.
B♭   **C**
How can you look at me as if I was just another one of your deals?

Verse 4
               F   **C**
When you can fall for chains of silver,
Dm   **C**
You can fall for chains of gold,
F   **Dm**   **B♭**   **C**
You can fall for pretty strangers   and the promises they hold.
                   B♭ **C**   **F**
You promised me everything,   you promised me thick and thin,
B♭
Now you just say, "Oh Romeo, yeah, you know,
C
I used to have a scene with him."

Chorus 2
  F **C**   **Dm**   **B♭**
Juliet, when we made love you used to cry.
        F   **C**   **Dm**   **B♭**
You said "I love you like the stars above, I'll love you till I die."
C   **F**   **B♭ Dm**   **B♭**
There's a place for us,   you know the movie song,
Gm   **F**   **B♭**   **C** **Dm** **C**
When you gonna realise it was just that the time was wrong,
    (F)
Juli-(et.)

Link 2
| **F** | **B♭** **C** | **F** | **B♭** **C** ||
-et

Verse 5
F   **Dm**   **C**
I can't do the talk   like they talk on TV,
F   **Dm**   **B♭**
And I can't do a love song   like the way it's meant to be,
C   **B♭** **C**   **F**
I can't do everything but I'd do anything for you,
B♭   **C**
I can't do anything except be in love with you.

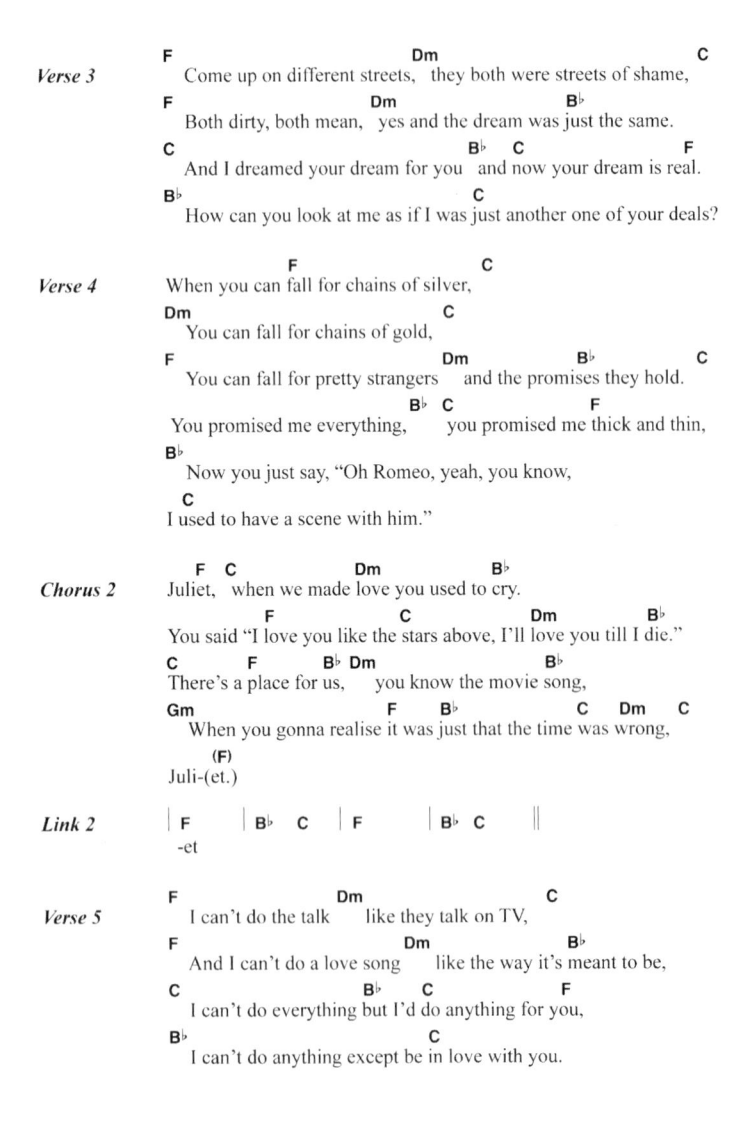

Verse 6

    F   Dm   C
And all I do is miss you   and the way we used to be,
   F   Dm   B♭
All I do is keep the beat   and bad company,
C   B♭
All I do is kiss you
C   F
Through the bars of a rhyme.
B♭   C
Julie, I'd do the stars with you any time.

Chorus 3

   F C   Dm   B♭
Juliet, when we made love you used to cry.
           F   C   Dm   B♭
You said "I love you like the stars above, I'll love you till I die."
C   F   C B♭ Dm   B♭
There's a place for us,   you know the movie song,
Gm   F   B♭   C   Dm   C
   When you gonna realise it was just that the time was wrong,

Ju(-u-u-liet.)

Link 3

| F | B♭ C | F | B♭ C |
-u-u-liet.

| F | B♭ C | F | B♭ C ||

Verse 7

   F   Dm   C
And a lovestruck Romeo   sings a streetsuss serenade,
   F   Dm   B♭
Laying everybody low   with a lovesong that he made.
C   B♭
Finds a convenient streetlight,
C   F
Steps out of the shade,
                       B♭   C
Says something like "You and me babe,   how about it?"

Coda

‖: B♭ | C | B♭ | C   :‖   *Repeat ad lib. to fade*

Peggy Sue

Words & Music by Buddy Holly, Norman Petty & Jerry Allison

```
A       D       E      A7
```

Intro   ‖: A D | A E :‖

Verse 1
    A   **D**
If you knew Peggy Sue
A   **D**   **A7**
Then you'd know why I feel blue
       D   **A** **D** **A**
Without Peggy, my Peggy Sue.____
          E
Oh well, I love you gal,
  D | A D | A E ‖
Yes, I love you, Peggy Sue.____

Verse 2
    A   **D**
Peggy Sue, Peggy Sue,
A   **D**   **A7**
Oh how my heart yearns for you,
  D   **A** **D** **A**
Oh Peggy, my Peggy Sue.____
          E
Oh well, I love you gal,
  D | A D | A E ‖
Yes I love you, Peggy Sue.____

Chorus 1
A
Peggy Sue, Peggy Sue,
F   **A**
Pretty, pretty, pretty, pretty Peggy Sue
  D   **A** **D** **A**
Oh Peggy, my Peggy Sue,____
          E
Oh well, I love you gal,
  D | A D | A E ‖
Yes I need you, Peggy Sue.____

© Copyright 1957 MPL Communications Incorporated, USA.
Peermusic (UK) Limited.
All Rights Reserved. International Copyright Secured.

Verse 3
    A   **D**
I love you, Peggy Sue,

A   **D**   **A7**
With a love so rare and true,

  D   **A**   **D A**
Oh Peggy, my Peggy Sue,____

  E
Well, I love you gal,

D | **A D** | **A E** |
I want you, Peggy Sue.____

Instrumental | **A** | **D** | **A   D** | **A D** | **D A D A** |

            | **D** | **D** | **A   D** | **A** |

            | **E** | **D** | **A   D** | **A   E** |

Chorus 2   As Chorus 1

Verse 4
    A   **D**
I love you, Peggy Sue,

A   **D**   **A7**
With a love so rare and true,

  D   **A**   **D A**
Oh Peggy, my Peggy Sue,____

  E
Well, I love you gal,

D | **A D** | **A** |
I want you, Peggy Sue.____

Outro
     E
Oh well, I love you gal,

  D | **A D** | **A** |
And I want you Peggy Sue.____

Perfect

Words & Music by Mark E. Nevin

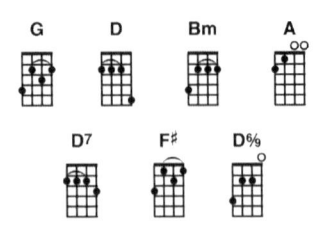

Chord diagrams: G, D, Bm, A, D7, F#, D%

Verse 1
  N.C.   **(G)**   **(D)**
I don't want half-hearted love affairs,
        (G)   **(D)**
I need someone who really cares.
        (G)   **(Bm)**
Life is too   short to play silly games,
                (G) **(A)**   **D**   **G** **A** **D**
I've promised myself   I won't do that again.

Chorus 1
        D7 **G**   **A D**   **G** **D**
It's got to be ___ perfect,
        D7 **G**   **A D**   **G** **D**
It's got to be ___   worth it, yeah.
        D7 **G**   **F#**
Too many people take second best
    Bm   **A**   **G**
But I won't take anything less
     G   **A**   **G**   **D**
It's got to be, yeah, per - fect.

Verse 2
  N.C.   **(G)**   **(D)**
Young hearts are foolish, they make such mistakes;
          (G)   **(D)**
They're much too eager to give their love away.
          (G)   **(Bm)**
Well I have been   foolish too many times
         (G)   **(A)**   **D**   **G** **A** **D**
Now I'm determined   I'm gonna get it right.

© Copyright 1988 MCA Music Limited.
Universal/MCA Music Limited.
All Rights Reserved. International Copyright Secured.

Chorus 2

    D7 G   A D   G D
It's got to be ___ perfect,
    D7 G   A D   G D
It's got to be ___ worth it, yeah.
    D7 G   F#
Too many people take second best
  Bm   A   G
But I won't take anything less
         G   A   G D
It's got to be, yeah, per - fect.

Solo

‖: G | G | D G | D G D :‖

| G | G | Bm | Bm | G | A | D G | D ‖

Verse 3

N.C.   (G)   (D)
Young hearts are foolish, they make such mistakes;
              (G)   (D)
They're much too eager to give their love away.
          (G)   (Bm)
Well I have been foolish too many times
        (G)   (A)   D   G A D
Now I'm determined I'm gonna get it right.

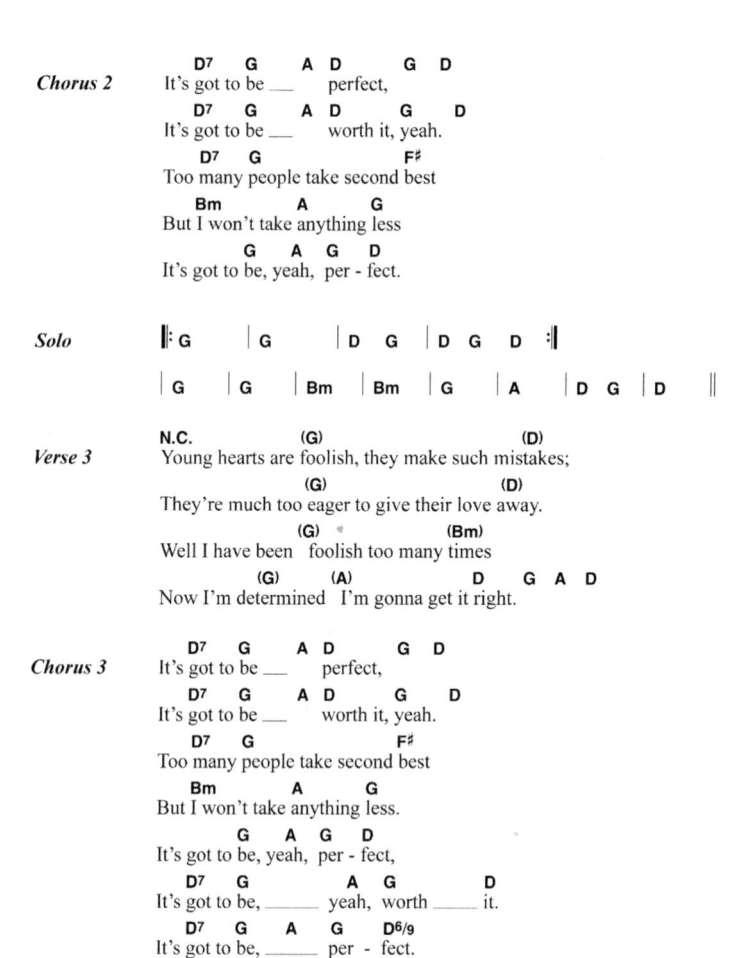

Chorus 3

    D7 G   A D   G D
It's got to be ___ perfect,
    D7 G   A D   G D
It's got to be ___ worth it, yeah.
    D7 G   F#
Too many people take second best
  Bm   A   G
But I won't take anything less.
        G   A   G D
It's got to be, yeah, per - fect,
    D7 G   A   G   D
It's got to be, ___ yeah, worth ___ it.
    D7 G   A   G   D6/9
It's got to be, ___ per - fect.

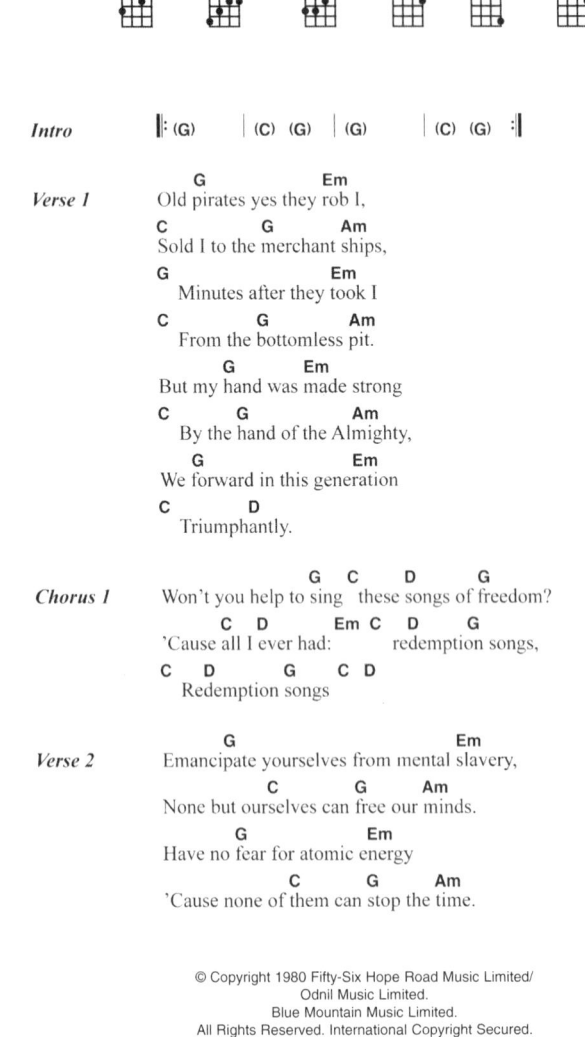

Redemption Song

Words & Music by Bob Marley

G   C   Em   Am   D   D7

Intro   ‖: (G) | (C) (G) | (G) | (C) (G) :‖

Verse 1
```
         G              Em
Old pirates yes they rob I,
C          G       Am
Sold I to the merchant ships,
G                   Em
  Minutes after they took I
C       G       Am
From the bottomless pit.
       G              Em
But my hand was made strong
C         G          Am
By the hand of the Almighty,
    G                Em
We forward in this generation
C       D
  Triumphantly.
```

Chorus 1
```
                  G    C    D     G
Won't you help to sing   these songs of freedom?
         C   D   Em C   D    G
'Cause all I ever had:    redemption songs,
C  D       G    C  D
  Redemption songs
```

Verse 2
```
            G                   Em
Emancipate yourselves from mental slavery,
        C        G     Am
None but ourselves can free our minds.
        G               Em
Have no fear for atomic energy
              C     G    Am
'Cause none of them can stop the time.
```

© Copyright 1980 Fifty-Six Hope Road Music Limited/
Odnil Music Limited.
Blue Mountain Music Limited.
All Rights Reserved. International Copyright Secured.

cont.
        G   **Em**
How long shall they kill our prophets
  C   **G**   **Am**
While we stand aside and look?
  G   **Em**
Some say it's just a part of it,
 C   **G**   **D**
We've got to fulfill the Book.

Chorus 2
                G **C** **D**   **G**
Won't you help to sing these songs of freedom?
    C **D**   **Em** **C** **D**   **G**
'Cause all I ever had: re - demption songs,
C   **D**   **G**   **C D**   **G**   **C D**
    Redemption songs, redemption songs.

Solo   ‖: Em | C D | Em | C D :‖

Verse 3
         G   **Em**
Emancipate yourselves from mental slavery,
       C   **G**   **Am**
None but ourselves can free our minds.
    G   **Em**
Have no fear for atomic energy
            C   **G**   **Am**
'Cause none of them can stop the time.
     G   **Em**
How long shall they kill our prophets
  C   **G**   **Am**
While we stand aside and look?
  G   **Em**
Some say it's just a part of it,
  C   **G**   **D**
We've got to fulfill the Book.

Chorus 3
                G **C** **D**   **G**
Won't you help to sing, these songs of freedom?
    C **D**   **Em C** **D**   **G**
'Cause all I ever had: redemption songs.
C   **D**   **Em C** **D**   **Em**
All I ever had: redemption songs,
C   **D**   **G**   **C D**   **G**
   These songs of freedom, songs of freedom.

Coda | C G | Am | Am | D7 | D7   ‖

Sailing

Words & Music by Gavin Sutherland

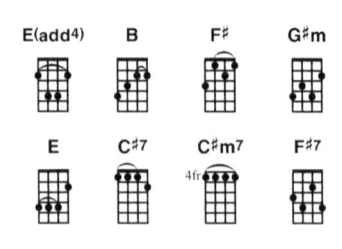

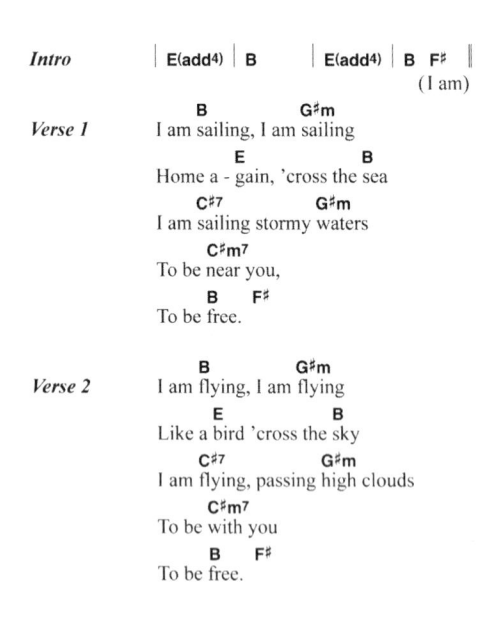

E(add4) B F# G#m

E C#7 C#m7 F#7

Intro | E(add4) | B | E(add4) | B F# ||
(I am)

Verse 1
     B   **G#m**
I am sailing, I am sailing
         E   **B**
Home a - gain, 'cross the sea
C#7   **G#m**
I am sailing stormy waters
C#m7
To be near you,
    B   **F#**
To be free.

Verse 2
     B   **G#m**
I am flying, I am flying
      E   **B**
Like a bird 'cross the sky
C#7   **G#m**
I am flying, passing high clouds
C#m7
To be with you
   B   **F#**
To be free.

© Copyright 1972 Island Music Limited.
Universal/Island Music Limited.
All Rights Reserved. International Copyright Secured.

Verse 3

       B   **G♯m**
Can you hear me? Can you hear me
          E   **B**
Through the dark night far a - way?
   C♯7   **G♯m**
I am dying, forever crying
     C♯m7
To be with you,
    B   **F♯**
Who can say?

Verse 4

       B   **G♯m**
Can you hear me? Can you hear me
          E   **B**
Through the dark night far a - way?
   C♯7   **G♯m**
I am dying, forever crying,
     C♯m7
To be with you,
    B   **F♯**
Who can say?

Guitar solo | E | G♯m | F♯ | G♯m |

                   | E | B | F♯ | F♯7 ||

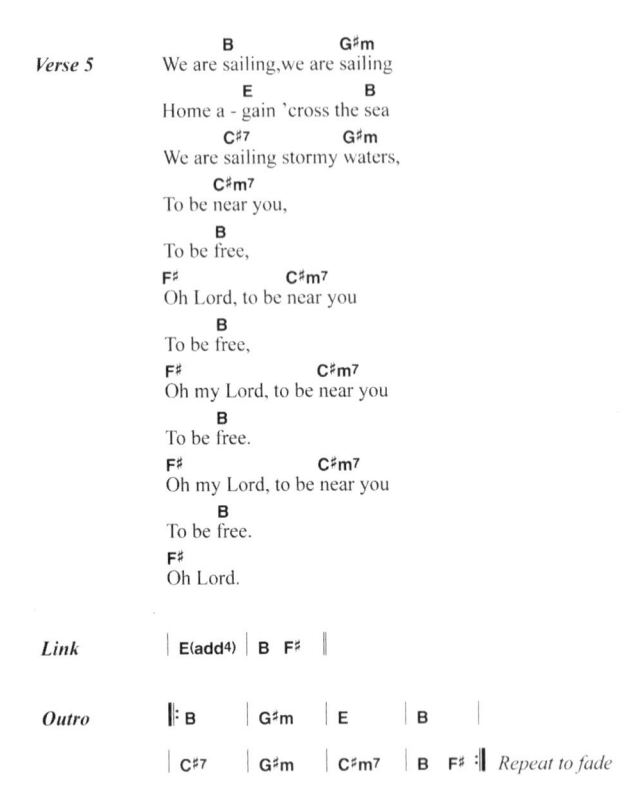

Verse 5
       B   **G♯m**
We are sailing, we are sailing
      E   **B**
Home a - gain 'cross the sea
    C♯7   **G♯m**
We are sailing stormy waters,
    C♯m7
To be near you,
  B
To be free,
F♯   **C♯m7**
Oh Lord, to be near you
  B
To be free,
F♯   **C♯m7**
Oh my Lord, to be near you
  B
To be free.
F♯   **C♯m7**
Oh my Lord, to be near you
  B
To be free.
F♯
Oh Lord.

Link | **E(add4)** | **B** **F♯** ‖

Outro   ‖: **B** | **G♯m** | **E** | **B** |

            | **C♯7** | **G♯m** | **C♯m7** | **B** **F♯** :‖ *Repeat to fade*

Song For Whoever

Words & Music by Paul Heaton & David Rotheray

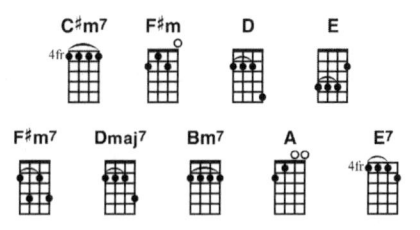

C#m7   F#m   D   E

F#m7   Dmaj7   Bm7   A   E7

Intro | C#m7 | F#m | D | E ||

Verse 1
    C#m7   F#m7   Dmaj7   E
I love you from the bottom of my pencil case.
    C#m7   F#m7   Dmaj7   E
I love you in the songs I write and sing.
             F#m Bm7   E
Love you because you put me in my rightful place.
    C#m7   F#m7   Dmaj7   E
And I love the P __ RS cheques that you bring.

Pre-chorus 1
   A   E
Cheap, never cheap,
  Bm7   E
I'd sing you songs till you're asleep.
              C#m7
When you've gone upstairs I'll creep,
  Bm7   E   E7
And write it all down, down, down, down.

Chorus 1
   A   F#m7   Dmaj7   E
Oh Shirley, oh Deborah, oh Julie, oh Jane,
             F#m7
I wrote so many songs about you
Bm7   E7
I forget your name

(I forget your name).

© Copyright 1989 Go! Discs Music Limited.
Universal/Island Music Limited.
All Rights Reserved. International Copyright Secured.

	A **F♯m** **Dmaj⁷** **E**
cont.	Jennifer, Alison, Phillipa, Sue, Deborah, Annabel too,

(I forget your name).
A   **F♯m**   **Dmaj⁷**   **E**
Jennifer, Alison, Phillipa, Sue, Deborah, Annabel too,
             C♯m⁷ **F♯m⁷**   **D**   **E**
I forget your name. _____

| **C♯m⁷** | **F♯m⁷** | **D** | **E** ‖

	C♯m⁷ **F♯m⁷** **Dmaj⁷** **E**
Verse 2	I love you from the bottom of my pencil case.

C♯m⁷   **F♯m⁷**   **Dmaj⁷**   **E**
  I love the way you never   ask me why.
                F♯m   **Bm⁷**   **E**
I love to write about each wrinkle on your face,
C♯m⁷   **F♯m⁷**   **Dmaj⁷** **E**
  And I love you till my fountain pen runs dry.

	A **E**
Pre-chorus 2	Deep, so deep,

    Bm⁷   **E**
The number one I hope to reap
   C♯m⁷   **F♯m⁷**
Depends upon the tears you weep,
  Dmaj⁷   **E**   **E⁷**
So cry, lovey, cry, cry, cry, cry.

	A **F♯m⁷** **Dmaj⁷** **E**
Chorus 2	Oh Cathy, oh Alison, oh Phillipa, oh Sue,

        F♯m⁷
You made me so much money,
Bm⁷   **E**
I wrote this song for you,
N.C.
(I wrote this song for you).
A   **F♯m**   **Dmaj⁷**   **E**
Jennifer, Alison, Phillipa, Sue, Deborah, Annabel too,

(I wrote this song for you).
A   **F♯m**   **Dmaj⁷**   **E**
Jennifer, Alison, Phillipa, Sue, Deborah, Annabel too.

Instrumental | A | F♯m7 | Dmaj7 | E |
                | C♯m7 | F♯m7 | Dmaj7 | E7 |
                | E7 | E7 ||

Chorus 3
      A   F♯m7   Dmaj7   E
Oh Cathy, oh Alison, oh Phillipa, oh Sue,
         F♯m7
You made me so much money,
Bm7   E
I wrote this song for you,
N.C.
(I wrote this song for you).
A   F♯m   Dmaj7   E
Jennifer, Alison, Phillipa, Sue, Deborah, Annabel too,

(I wrote this song for you).
A   F♯m   Dmaj7   E
Jennifer, Alison, Phillipa, Sue, Deborah, Annabel too.
  A   F♯m
For you, for you,
Dmaj7   E
  I wrote this song for you

| A | F♯m | Dmaj7 |
E   C♯m7
  I wrote this song for you.

Save Tonight

Words & Music by Eagle-Eye Cherry

Am   F   C   G

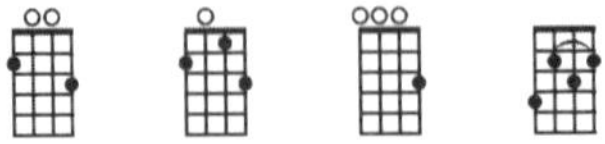

	Intro	‖: Am F	C G	Am F	C G :‖

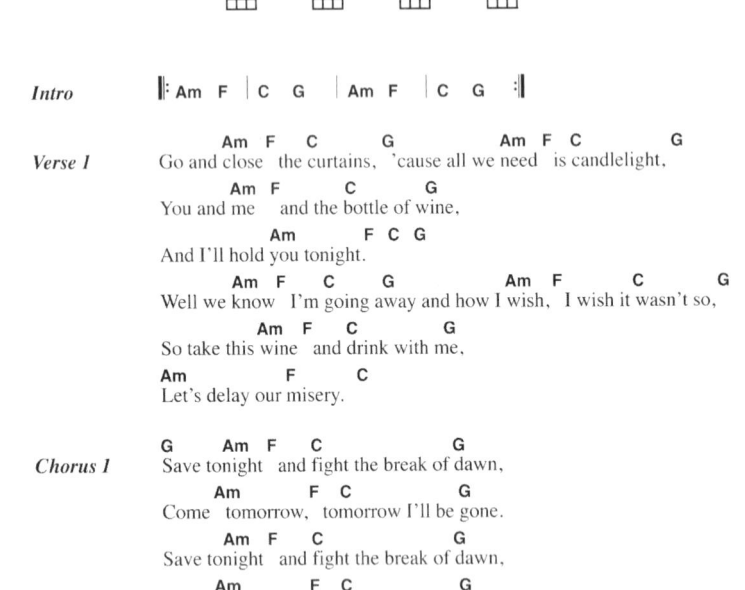

Verse 1
          Am   F   C   G   Am F C   G
Go and close   the curtains, 'cause all we need   is candlelight,
  Am F   C   G
You and me   and the bottle of wine,
              Am   F C G
And I'll hold you tonight.
          Am F   C   G   Am F   C   G
Well we know   I'm going away and how I wish, I wish it wasn't so,
           Am F   C   G
So take this wine   and drink with me,
Am   F   C
Let's delay our misery.

Chorus 1
       G   Am F   C   G
Save tonight   and fight the break of dawn,
       Am   F   C   G
Come   tomorrow, tomorrow I'll be gone.
       Am F   C   G
Save tonight   and fight the break of dawn,
      Am   F C   G
Come tomorrow, tomorrow I'll be gone.

Verse 2
              Am F   C G   Am F   C   G
There's a log   on the fire, and it burns like me for you.
           Am   F   C   G Am   F   C G
Tomorrow   comes with one desire: to take me away, it's true.
Am F   C   G   Am   F   C   G
It ain't easy   to say goodbye, darling, please   don't start to cry
       Am   F   C G
'Cause girl you know I've got to go
      Am   F   C G
And Lord I wish it wasn't so.

© Copyright 1998 Kobalt Music Publishing Limited.
All Rights Reserved. International Copyright Secured.

Chorus 2   As Chorus 1

Solo   ‖: Am F | C G | Am F | C G :‖

Verse 3
      Am   F   C   G
Tomorrow comes to take me away,
  Am   F   C   G
  I wish that I, that I could stay.
  Am   F   C G
Girl you know I've got to go,
      Am   F   C G
Oh, and Lord I wish it wasn't so.

Chorus 3   As Chorus 1

Chorus 4   As Chorus 1

Coda
  Am F   C   G
‖:   Tomorrow I'll be gone,
Am F   C   G
    Tomorrow I'll be gone. :‖

Solo   ‖: Am F | C G :‖   *Play 3 times*

     | Am F | C G ‖: Am F | C G :‖ *Repeat to fade*
                Save to - night.   Save to -

Sing

Words & Music by Fran Healy

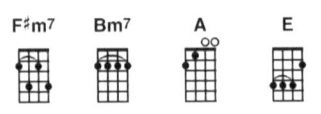

F♯m7   Bm7   A   E

Intro   ‖: F♯m7 | Bm7 | Bm7 | F♯m7 :‖

Verse 1

F♯m7   Bm7
Baby, you've been going so crazy,
                 F♯m7
Lately, nothing seems to be going right.
                 Bm7
So low, why do you have to get so low?
                            F♯m7
You're so, you've been waiting in the sun too long.

Chorus 1

        A   E   Bm7
But if you sing, sing,
          A
Sing, sing, sing, sing.
                      E   Bm7
For the love you bring won't mean a thing
                  A
Unless you sing, sing, sing, sing.

Verse 2

F♯m7   Bm7
Colder, crying over your shoulder,
                    F♯m7
Hold her, tell her everything's gonna be fine.
                Bm7
Surely, you've been going too hurry,
                      F♯m7
Hurry, 'cause no one's gonna be stopped, now, now, now, now, now,

© Copyright 2001 Sony/ATV Music Publishing.
All Rights Reserved. International Copyright Secured.

	A **E** **Bm7**

Chorus 2
          A   **E**   **Bm7**
But if you sing, ⎯⎯
          A
Sing, sing, sing, sing.

                   E   **Bm7**
For the love you bring won't mean a thing

Unless you sing, sing, sing,
A
  Sing, sing, sing, sing.

Link   ‖: **A E** | **Bm7** | **Bm7** | **A**   :‖

Verse 3
F♯m7
Baby, there's something going on   **Bm7**
today
        F♯m7
But I say nothing, nothing, nothing,
          Bm7   **F♯m7**
Nothing, nothing, nothing, nothing …

Chorus 3
                                  A   **E**   **Bm7**
Now, now, now, now, now, but if you sing, sing,
      A
Sing, sing, sing, sing.

                   E   **Bm7**
For the love you bring won't mean a thing

                  A
Unless you sing, sing, sing, sing.

Chorus 4
         A   **E**   **Bm7**
Oh baby sing, sing,
      A
Sing, sing, sing, sing.

                   E   **Bm7**
For the love you bring won't mean a thing
                 N.C.   **A**
Unless you sing, sing, sing, sing.

Sit Down

Words & Music by Tim Booth, Larry Gott, Jim Glennie & Gavan Whelan

Intro ‖: G | G | C | D :‖

Verse 1
```
        G                    C           D
I'll sing myself to sleep, a song from the darkest hour.
G              C          D
Secrets I can't keep inside all the day.
G                    C            D
Swing from high to deep, extremes of sweet and sour.
G                 C     D
Hope that God exists, I hope, I pray.
```

Bridge
```
G
Drawn by the undertow,
   C              D
My life is out of control.
G                              C
I believe this wave will bear my weight,
      D
So let it flow.
```

Chorus 1
```
                G
Oh sit down, oh sit down, oh sit down,
C           D
Sit down next to me.
            G
Sit down, down, down, down,
   C           D
Down in sympathy.
```

Instrumental ‖: G | G | C | D :‖

© Copyright 1989 Blue Mountain Music Limited.
All Rights Reserved. International Copyright Secured.

Verse 2
```
             G                             C             D
         Now I'm relieved to hear that you've been to some far out places.
             G                          C         D
         It's hard to carry on when you feel all alone.
         G                                      C                  D
         Now I've swung back down again it's worse than it was before.
             G                                C               D
         If I hadn't seen such riches I could live with being poor.
```

Chorus 2   As Chorus 1

Link | G | G | G | G ||

Middle
```
         G                                  (C)             (D)
         Those who feel the breath of sadness, sit down next to me.
         G                                       (C)            (D)
         Those who find they're touched by madness, sit down next to me.
         G                                   (C)           (D)
         Those who find themselves ridiculous, sit down next to me.
             G
         In love, in fear, in hate, in tears,
             C         D
         In love, in fear, in hate, in tears,
             G
         In love, in fear, in hate, in tears,
             C         D
         In love, in fear, in hate.
         G      | G    | C    | D    |
         Down.
         G      | G    | C    | D    ||
         Down.
```

Chorus 3   As Chorus 1

Chorus 4
```
             G
         Oh sit down, oh sit down, oh sit down,
         C              D
         Sit down next to me.
             G
         Sit down, down, down, down,
             C         D
         Down in sympathy.
         G
         Down.
```

(Sittin' On) The Dock Of The Bay

Words & Music by Otis Redding & Steve Cropper

G B C A E D F

Intro | G | G | G | G |

Verse 1
G   B
Sittin' in the mornin' sun,
          C   A
And I'll be sittin' when the evenin' come.
G   B
Watching the ships roll in,
          C   A
And then I watch 'em roll away a - gain, yeah.

Chorus 1
               G   E
I'm sittin' on the dock of the bay,
              G   E
Watching the tide roll a - way.
              G   A
Ooh, I'm just sittin' on the dock of the bay
       G   E
Wastin' time._____

Verse 2
G   B
I left my home in Georgia,
C   A
Headed for the 'Frisco bay.
         G   B
'Cause I've had nothing to live for
              C   A
And look like nothin's gonna come my way.

© Copyright 1967 East Memphis Music Corporation/
Irving Music Corporation/Cotillion Music Incorporated, USA.
Rondor Music International (administered in Germany by Rondor Musikverlag GmbH)/
Warner/Chappell Music Limited.
All Rights Reserved. International Copyright Secured.

Chorus 2
                 G   E
So I'm just gonna sit on the dock of the bay,
        G   E
Watching the tide roll a - way.
        G   A
Ooh,— I'm sittin' on the dock of the bay
      G   E
Wastin' time.—

Bridge
     G   D   C
Look like   nothin's gonna change,
  G   D   C
Every - thing   still remains the same,
G D   C   G
I can't do what ten people tell   me to do,
F   D
So I guess I'll re - main the same, yes.

Verse 3
  G   B
Sittin' here resting my bones,
      C   A
And this loneliness won't leave me a - lone.
     G   B
It's two thousand miles I roamed,
   C   A
Just to make this dock my home.

Chorus 3
                  G   E
Now, I'm just gonna sit at the dock of the bay,
        G   E
Watching the tide roll a - way.
          G   A
Ooh-ee, I'm sittin' on the dock of the bay
      G   E
Wastin' time.—

‖: G | G | G | E   :‖ *Whistle to fade*

Somethin' Stupid

Words & Music by C. Carson Parks

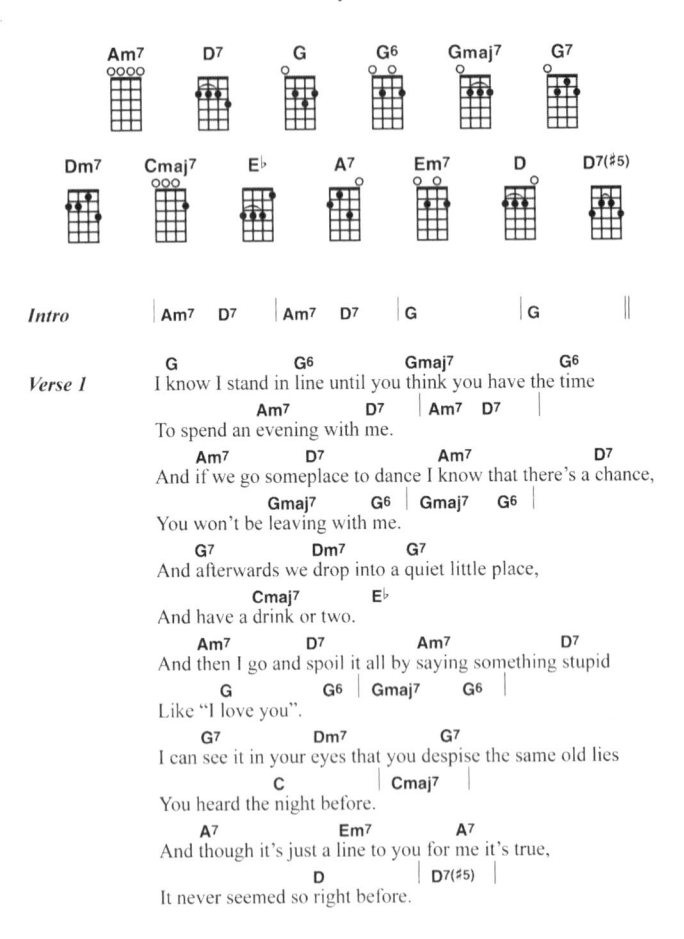

Chord diagrams: Am7, D7, G, G6, Gmaj7, G7, Dm7, Cmaj7, E♭, A7, Em7, D, D7(♯5)

Intro | Am7 D7 | Am7 D7 | G | G ||

Verse 1
```
      G            G6         Gmaj7           G6
I know I stand in line until you think you have the time
         Am7      D7  | Am7    D7 |
To spend an evening with me.
     Am7      D7          Am7              D7
And if we go someplace to dance I know that there's a chance,
         Gmaj7      G6  | Gmaj7   G6 |
You won't be leaving with me.
       G7          Dm7         G7
And afterwards we drop into a quiet little place,
            Cmaj7       E♭
And have a drink or two.
      Am7       D7         Am7              D7
And then I go and spoil it all by saying something stupid
         G          G6  | Gmaj7   G6 |
Like "I love you".
        G7          Dm7           G7
I can see it in your eyes that you despise the same old lies
        C              Cmaj7     |
You heard the night before.
        A7         Em7              A7
And though it's just a line to you for me it's true,
                  D        | D7(♯5) |
It never seemed so right before.
```

© Copyright 1967 Greenwood Music Company, USA.
Administered by Montclare Music Company Limited for the UK and Eire only.
All Rights Reserved. International Copyright Secured.

Verse 2

       G   **G6**   **Gmaj7**   **G**
I practice every day to find some clever lines to say
        Am7   **D7** | **Am7**   **D7** |
To make the meaning come true.
   Am7   **D7**   **Am7**   **D7**
But then I think I'll wait until the evening gets late
       Gmaj7   **G6** | **Gmaj7**   **G6** |
And I'm alone with you.
    G7   **Dm7**   **G7**
The time is right your perfume fills my head the stars get red
       Cmaj7   **E♭**
And oh the night's so blue.
    Am7   **D7**   **Am7**   **D7**
And then I go and spoil it all, by saying something stupid
    G   **G6** | **Gmaj7**   **G6** |
Like "I love you".

Instrumental | **G**   **G6** | **Gmaj7** **G6** | **Am7** **D7** | **Am7** **D7** |

 | **Am7** **D7** | **Am7** **D7** | **G**   **G6** | **Gmaj7** **G6** |

Verse 3

     G7   **Dm7**   **G7**
The time is right your perfume fills my head the stars get red
      Cmaj7   **E♭**
And oh the night's so blue.
   Am7   **D7**   **Am7**   **D7**
And then I go and spoil it all, by saying something stupid
   G   **G6** | **Gmaj7** **G6** |
Like "I love you".

Outro

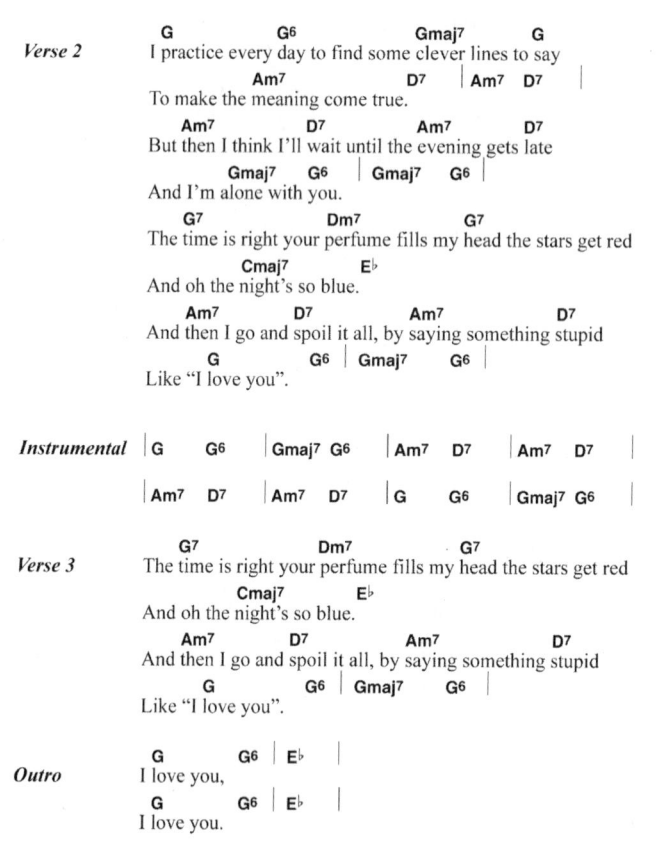

  G   **G6** | **E♭** |
I love you,
  G   **G6** | **E♭** |
I love you.

Repeat outro to fade

Space Oddity

Words & Music by David Bowie

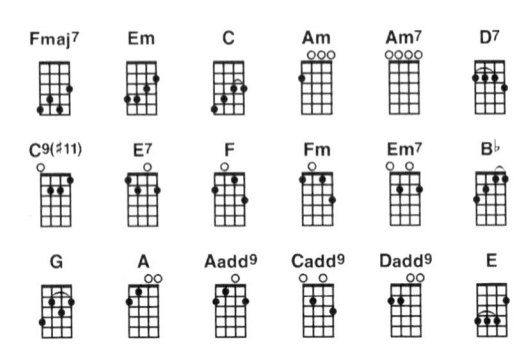

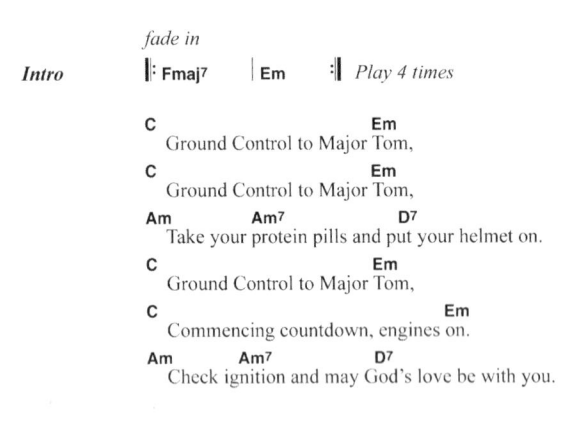

Fmaj7	Em	C	Am	Am7	D7
C9(♯11)	E7	F	Fm	Em7	B♭
G	A	Aadd9	Cadd9	Dadd9	E

Intro   *fade in*
‖: **Fmaj7** | **Em**   :‖   *Play 4 times*

     C   **Em**
Ground Control to Major Tom,
     C   **Em**
Ground Control to Major Tom,
Am   **Am7**   **D7**
Take your protein pills and put your helmet on.
     C   **Em**
Ground Control to Major Tom,
     C   **Em**
Commencing countdown, engines on.
Am   **Am7**   **D7**
Check ignition and may God's love be with you.

Link 1   **(C9(♯11))**   *(rocket launch f/x)*

© Copyright 1969 Onward Music Limited.
All Rights Reserved. International Copyright Secured.

Verse 1

        C   **E7**
This is Ground Control to Major Tom,
                     F
You've really made the grade.
      Fm   **C**   **F**
And the papers want to know whose shirts you wear.
      Fm   **C**   **F**
Now it's time to leave the capsule if you dare.

Verse 2

      C   **E7**
"This is Major Tom to Ground Control,
                F
I'm stepping through the door.
     Fm   **C**   **F**
And I'm floating in a most peculiar way,
     Fm   **C**   **F**
And the stars look very different today."

Chorus 1

      Fmaj7   **Em7**
"For here am I sitting in a tin can,
Fmaj7   **Em7**
Far above the world.
B♭   **Am**
Planet Earth is blue,
            G   **F**
And there's nothing I can do."

Link 2

| C F G A | C F G A ||

| Fmaj7 | Em7 | Aadd9 | Cadd9 | Dadd9 | E ||

Verse 3

    C   **E7**
"Though I'm past one hundred thousand miles,
         F
I'm feeling very still.
  Fm   **C**   **F**
And I think my spaceship knows which way to go.
  Fm   **C**   **F**
Tell my wife I love her very much, she knows."

Verse 4

  G   **E7**
Ground Control to Major Tom,
      Am   **Am7**
Your circuit's dead, there's something wrong.
        D7
Can you hear me, Major Tom?
       C
Can you hear me, Major Tom?
       G
Can you hear me, Major Tom? Can you…

Chorus 2

Fmaj7   **Em7**
"Here am I floating round my tin can,
Fmaj7   **Em7**
Far above the Moon.
B♭   **Am**
Planet Earth is blue,
  G   **F**
And there's nothing I can do."

Coda

| C F G A | C F G A ‖

To fade

| Fmaj7 | Em7 | Aadd9 | Cadd9 | Dadd9 |: E :|

Vincent

Words & Music by Don McLean

Verse 1

      N.C.   G   C
Starry, starry night,
 G   Am   Am9
  Paint your palette blue and grey,
Am   Cmaj7
  Look out on a summer's day,
D7   G
With eyes that know the darkness in my soul.
  C   G   C
  Shadows on the hills,
 G   Am   Am9
  Sketch the trees and the daffodils,
Am   Cmaj7
  Catch the breeze and the winter chills,
D7   G   C
  In colours on the snowy linen land.

Chorus 1

 G   Am7
Now I understand
D7   G   Gmaj7
  What you tried to say to me, ____
Em   Am7
  How you suffered for your sanity
D7   Em
  How you tried to set them free.
                            A7   Am7
They would not listen, they did not know how,
D7   G
  Perhaps they'll listen now.

© Copyright 1971 Mayday Music, USA.
Universal/MCA Music Limited.
All Rights Reserved. International Copyright Secured.

Verse 2
|N.C.　　　　　G　　　C|
|Starry, starry night,|

G　　　　　　Am　　　　　　　　Am9
　Flaming flowers that brightly blaze,
Am　　　　　Cmaj7
　Swirling clouds in violet haze,
D7　　　　　　　　　　　　　　　　G
　Reflect in Vincent's eyes of china blue.
C　　　　　G　　　　　C
　Colours changing hue,
G　　　　　　Am　　　　　　　　Am9
　Morning fields of amber grain,
Am　　　　　　Cmaj7
　Weathered faces lined in pain,
　D7　　　　　　　　　　　　　　　　G
Are soothed beneath the artist's loving hand.

Chorus 2
G　　　　　　Am7
　Now I understand
D7　　　　　G　　　　　　　　Gmaj7
　What you tried to say to me, ____
Em　　　　　　　　　　　Am7
　How you suffered for your sanity
D7　　　　　　　　　　　Em
　How you tried to set them free.
　　　　　　　　　　　　　　　A7　　　　　　　　　　Am7
They would not listen, they did not know how,
D7　　　　　　G
　Perhaps they'll listen now.

Middle
　　　　　　　　　Am7
For they could not love you,
D7　　　　　G　　　　　　　Gmaj7
　Still your love was true;
Em　　　　　Am
　And when no hope was left inside
　　　Cm
On that starry, starry night
　　　G　　　　　F7　　　　　　E7
You took your life as lovers often do;
　　　Am9
But I could have told you Vincent
Cmaj7　　　　　　　　　　　　　　　　　　　　D7　　　　　G
　This world was never meant for one as beautiful as you.

Verse 3
        N.C.   **G**   **C**
Starry, starry night,
G   **Am**   **Am⁹**
  Portraits hung in empty halls,
Am   **Cmaj⁷**
  Frameless heads on nameless walls,
D⁷   **G**
  With eyes that watch the world and can't forget.
                          C
Like the strangers that you've met,
G   **Am**   **Am⁹**
  The ragged men in ragged clothes,
Am   **Cmaj⁷**
  The silver thorn of bloody rose,
D⁷   **G**
Lie crushed and broken on the virgin snow.

Chorus 3
           Am⁷   **D⁷**
Now I think I know ____
         G   **Gmaj⁷**
What you tried to say to me,
Em   **Am⁷**
  And how you suffered for your sanity,
D⁷   **Em**
  How you tried to set them free.
                       A⁷   **Am⁷**
They would not listen, they're not listening still,
D⁷   **G**   **C**   **G**
Perhaps they never will.

Songbird

Words & Music by Christine McVie

G   D   Csus2   C

Am7   Am   Em

Intro ‖: G   G D | Csus2   :‖
          | G   G D | C   D |

Verse 1
```
        C              G
For you, there'll be no crying
Am7 G   C    G
  For  you,  the sun will be shining
Am7 G      Am            Em
  'Cause I feel that when I'm with you
   Csus2    G
It's all right, I know it's right.
```

Chorus 1
```
                    D         C
And the songbirds keep singing
         Em
Like they know the score
    C                       D
And I love you, I love you, I love you
    G
Like never before.
```

Guitar Solo
C	C	G	G Am7 G
C	C	G	G
D	C	Em	Em
C	D	G	G

© Copyright 1977 Fleetwood Mac Music, USA.
Universal Music Publishing MGB Limited.
All Rights Reserved. International Copyright Secured.

Verse 2
          C   G
To you, I would give the world
Am7 **G** **C**   **G**
  To   you, I'd   never be cold
Am7   **G**   **Am**   **Em**
    'Cause I feel that when I'm with you
Csus2   **G**
It's all right, I know it's right.

Chorus 2
        D   **C**
And the songbirds keep singing
        Em
Like they know the score
    C   **D**
And I love you, I love you, I love you
     G   **Am7** **G**
Like never before,
C   **G**   **Am7** **G**
  Like never before
C   **G**
  Like never before.

Summer Of '69

Words & Music by Bryan Adams & Jim Vallance

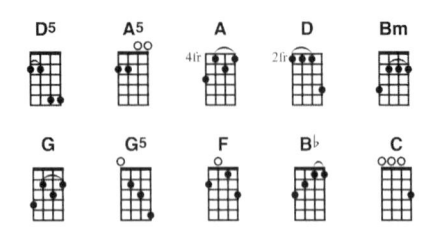

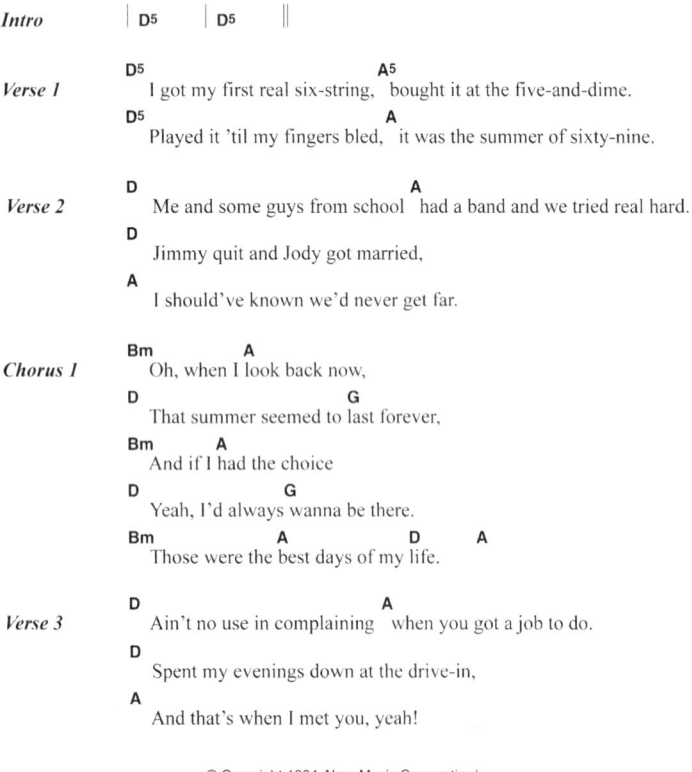

Intro | D5 | D5 ||

Verse 1
D5 I got my first real six-string, A5 bought it at the five-and-dime.
D5 Played it 'til my fingers bled, A it was the summer of sixty-nine.

Verse 2
D Me and some guys from school had a band and we tried real hard. A
D Jimmy quit and Jody got married,
A I should've known we'd never get far.

Chorus 1
Bm Oh, when I look back now, A
D That summer seemed to last forever, G
Bm And if I had the choice A
D Yeah, I'd always wanna be there. G
Bm Those were the best days of my life. A   D   A

Verse 3
D Ain't no use in complaining when you got a job to do. A
D Spent my evenings down at the drive-in,
A And that's when I met you, yeah!

© Copyright 1984 Almo Music Corporation/
Adams Communications Incorporated/
Testatyme Music/Irving Music Corporation.
Rondor Music (London) Limited.
All Rights Reserved. International Copyright Secured.

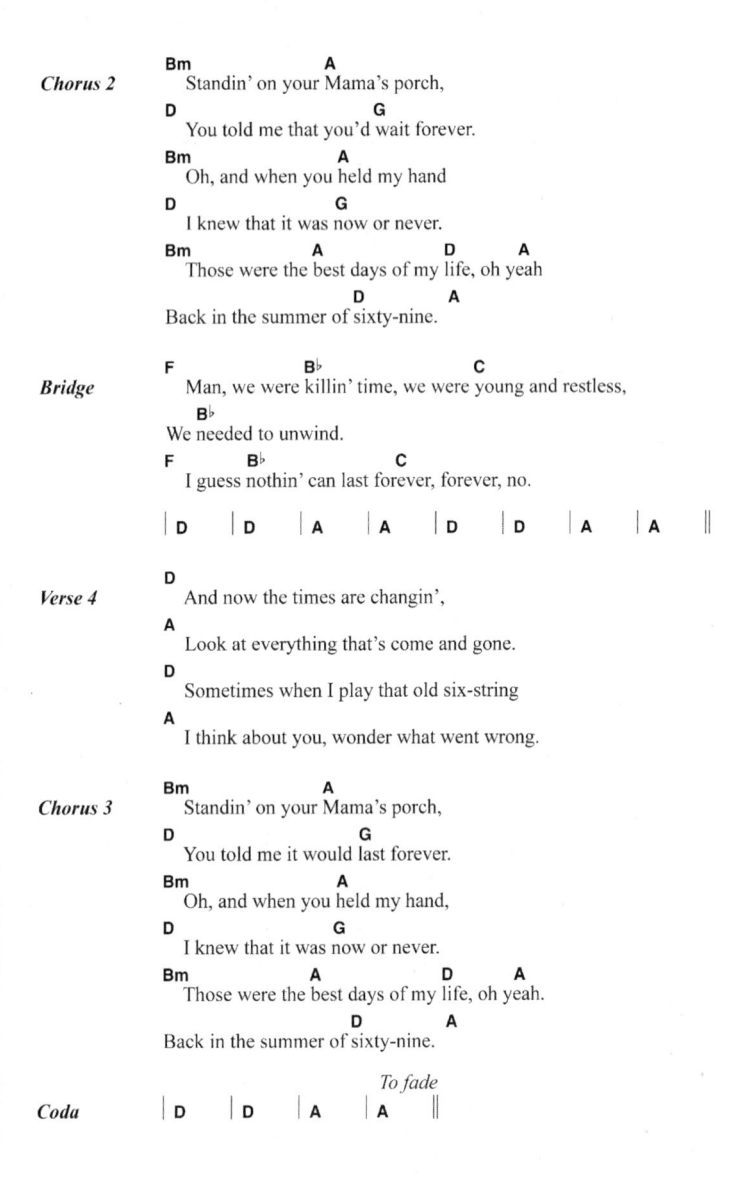

Chorus 2

    Bm   **A**
    Standin' on your Mama's porch,
D   **G**
  You told me that you'd wait forever.
Bm   **A**
  Oh, and when you held my hand
D   **G**
  I knew that it was now or never.
Bm   **A**   **D**   **A**
  Those were the best days of my life, oh yeah
                 D   **A**
Back in the summer of sixty-nine.

Bridge

F   **B♭**   **C**
  Man, we were killin' time, we were young and restless,
  B♭
We needed to unwind.
F   **B♭**   **C**
  I guess nothin' can last forever, forever, no.

| D | D | A | A | D | D | A | A ||

Verse 4

D
  And now the times are changin',
A
  Look at everything that's come and gone.
D
  Sometimes when I play that old six-string
A
  I think about you, wonder what went wrong.

Chorus 3

Bm   **A**
  Standin' on your Mama's porch,
D   **G**
  You told me it would last forever.
Bm   **A**
  Oh, and when you held my hand,
D   **G**
  I knew that it was now or never.
Bm   **A**   **D**   **A**
  Those were the best days of my life, oh yeah.
                 D   **A**
Back in the summer of sixty-nine.

To fade

Coda | D | D | A | A ||

Take It Easy

Words & Music by Jackson Browne & Glenn Frey

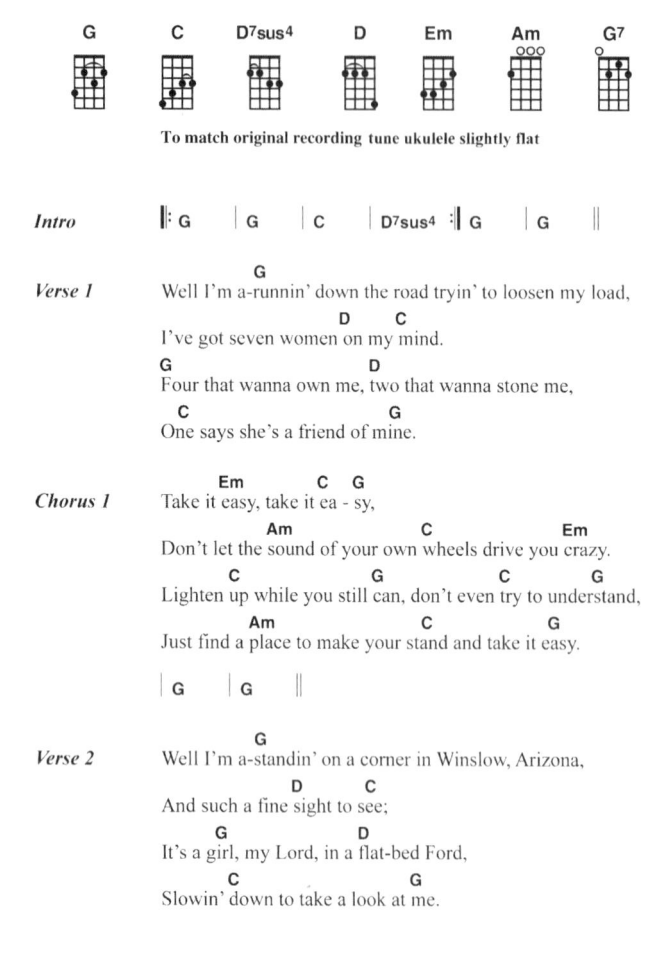

G C D7sus4 D Em Am G7

To match original recording tune ukulele slightly flat

Intro ‖: G | G | C | D7sus4 :‖ G | G ‖

Verse 1
                  G
Well I'm a-runnin' down the road tryin' to loosen my load,
               D   C
I've got seven women on my mind.
G   D
Four that wanna own me, two that wanna stone me,
   C   G
One says she's a friend of mine.

Chorus 1
       Em   C G
Take it easy, take it ea - sy,
           Am   C   Em
Don't let the sound of your own wheels drive you crazy.
    C   G   C   G
Lighten up while you still can, don't even try to understand,
  Am   C   G
Just find a place to make your stand and take it easy.

| G | G ‖

Verse 2
                 G
Well I'm a-standin' on a corner in Winslow, Arizona,
            D   C
And such a fine sight to see;
   G   D
It's a girl, my Lord, in a flat-bed Ford,
  C   G
Slowin' down to take a look at me.

© Copyright 1972 Swallow Turn Music, USA.
Hal Leonard Corporation.
All Rights Reserved. International Copyright Secured.

Chorus 2

      Em **D**   **C**   **G**
Come on, baby, don't say may - be,
 Am   **C**   **Em**
I gotta know if your sweet love is gonna save me.
C   **G**   **C**   **G**
We may lose and we may win, though we will never be here again,
 Am   **C**
So open up, I'm climbin' in,
 G
So take it easy.

Instrumental | G | G | G D | C | G | D | C | G |
| Em | D | C | G | Am | C | Em | Em D ||

Verse 3

     G
Well, I'm a-runnin' down the road, tryin' to loosen my load,
                 D   **Am**
Got a world of trouble on my mind.
G   **D**
Lookin' for a lover who won't blow my cover,
  C   **G**
She's so hard to find.

Chorus 3

      Em   **C G**
Take it easy, take it ea - sy,
        Am   **C**   **Em**
Don't let the sound of your own wheels make you crazy.
     C   **G**   **C**   **G**
Come on, ba - by, don't say may - be,
 Am   **C**
I gotta know if your sweet love
     G
Is gonna save me.

Outro ||: C | C | G | G7 :|| *Play 4 times*
With vocal ad lib.

| C | C | Em ||

That's All Right

Words & Music by Arthur Crudup

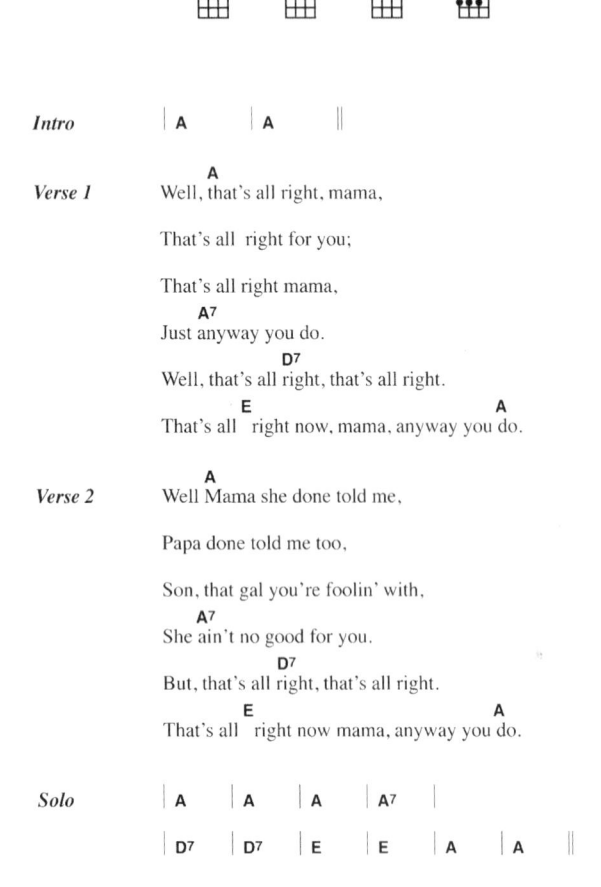

Intro | A | A ||

Verse 1
A
Well, that's all right, mama,

That's all right for you;

That's all right mama,
A7
Just anyway you do.
D7
Well, that's all right, that's all right.
E   A
That's all right now, mama, anyway you do.

Verse 2
A
Well Mama she done told me,

Papa done told me too,

Son, that gal you're foolin' with,
A7
She ain't no good for you.
D7
But, that's all right, that's all right.
E   A
That's all right now mama, anyway you do.

Solo | A | A | A | A7 |
| D7 | D7 | E | E | A | A ||

© Copyright 1947 (Renewed) Crudup Music/
Unichappell Music Incorporated, USA.
Reproduced by kind permission of Carlin Music Corporation.
All Rights Reserved. International Copyright Secured.

Verse 3

    A
I'm leaving town, baby,

I'm leaving town for sure.

Well, then you won't be bothered with me
A7
Hanging 'round your door.
D7
Well, that's all right, that's all right.
    E   **A**
That's all right now mama, anyway you do.

Coda

  A
Ah da da dee dee dee dee, dee dee dee dee,

Dee dee dee dee.
D7
I need your loving, that's all right,
    E   **A**
That's all right now mama, anyway you do.

| **A** | **A** ||

There Is A Light That Never Goes Out

Words by Morrissey
Music by Johnny Marr

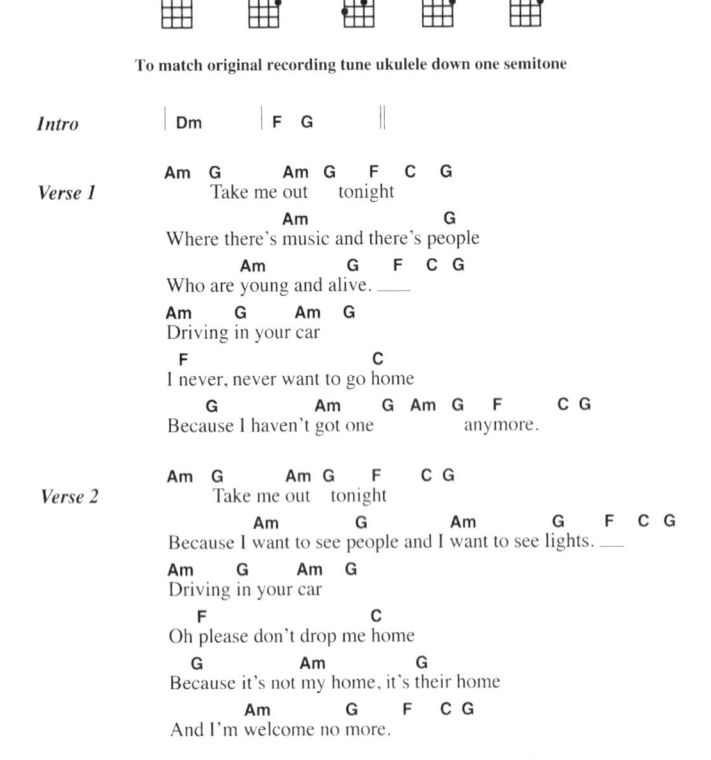

Dm   F   G   Am   C

To match original recording tune ukulele down one semitone

Intro | Dm | F G ||

Verse 1
Am G   Am G   F   C   G
　　Take me out   tonight
　　　　　Am   G
Where there's music and there's people
　　　　Am   G   F   C G
Who are young and alive. ___
Am   G   Am G
Driving in your car
F   C
I never, never want to go home
　　G   Am   G Am G F   C G
Because I haven't got one   anymore.

Verse 2
Am G   Am G   F   C G
　　Take me out tonight
　　　　Am   G   Am   G   F C G
Because I want to see people and I want to see lights. ___
Am   G   Am G
Driving in your car
F   C
Oh please don't drop me home
　G   Am   G
Because it's not my home, it's their home
　　　Am   G   F   C G
And I'm welcome no more.

© Copyright 1986 Marr Songs Limited/
Universal Music Publishing Limited/
Warner/Chappell Artemis Music Limited.
All Rights Reserved. International Copyright Secured.

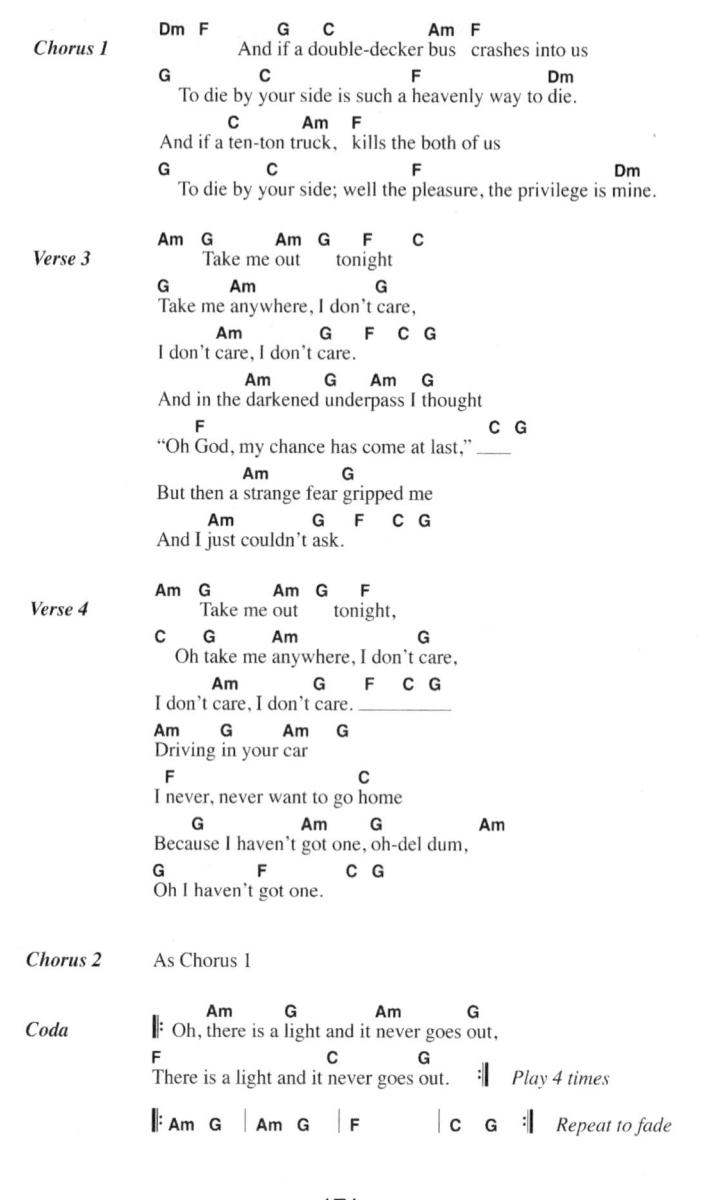

Chorus 1

      Dm F   G   C   Am   F
                And if a double-decker bus   crashes into us
G   C   F   Dm
  To die by your side is such a heavenly way to die.
        C   Am   F
And if a ten-ton truck, kills the both of us
G   C   F   Dm
  To die by your side; well the pleasure, the privilege is mine.

Verse 3

Am G   Am G   F   C
    Take me out   tonight
G   Am   G
Take me anywhere, I don't care,
        Am   G   F   C G
I don't care, I don't care.
           Am   G   Am G
And in the darkened underpass I thought
     F   C G
"Oh God, my chance has come at last," ____
          Am   G
But then a strange fear gripped me
      Am   G   F   C G
And I just couldn't ask.

Verse 4

Am G   Am G   F
    Take me out   tonight,
C   G   Am   G
  Oh take me anywhere, I don't care,
        Am   G   F   C G
I don't care, I don't care. _____
Am G   Am G
Driving in your car
 F   C
I never, never want to go home
       G   Am   G   Am
Because I haven't got one, oh-del dum,
G   F   C G
Oh I haven't got one.

Chorus 2   As Chorus 1

Coda

‖:   Am   G   Am   G
‖: Oh, there is a light and it never goes out,
F   C   G
There is a light and it never goes out. :‖   *Play 4 times*

‖: Am G | Am G | F | C   G :‖   *Repeat to fade*

These Boots Are Made For Walking

Words & Music by Lee Hazlewood

E A G

| *Intro* | \|E | E | E | E | E | E | E | E | \| |

Verse 1
E
You keep saying you've got something for me.

Something you call love, but confess.
A
You've been messin' where you shouldn't have been a messin'
E
And now someone else is gettin' all your best.

Chorus 1
G   **E**   **G**   **E**
These boots are made for walking, and that's just what they'll do
G   **E**   **N.C.**
One of these days these boots are gonna walk all over (you).

Link 1   \|E   E   E   E   E   E   E   E   \|
you.   Yeah!

Verse 2
E
You keep lying, when you oughta be truthin'

And you keep losin' when you oughta not bet.
A
You keep samin' when you oughta be a-changin'.
E
Now what's right is right, but you ain't been right yet.

© Copyright 1965 & 1966 Criterion Music Corporation (ASCAP).
All Rights Reserved. International Copyright Secured.

	G E G E
Chorus 2	These boots are made for walking, and that's just what they'll do
	G E N.C.
	One of these days these boots are gonna walk all over (you).

Link 2 | E | E | E | E | E | E | E | E |
you.

Verse 3
E
You keep playin' where you shouldn't be playin'

And you keep thinkin' that you'll never get burnt, ha!
A
I just found me a brand new box of matches, yeah
E
And what he know you ain't have time to learn.

	G E G E
Chorus 3	These boots are made for walking, and that's just what they'll do
	G E N.C.
	One of these days these boots are gonna walk all over (you).

Link 3 | E | E | E | E |
you.
E
Are you ready boots? Start walkin'!

Outro   ‖: E | E | E | E   :‖   *Repeat to fade*

Twist And Shout

Words & Music by Bert Russell & Phil Medley

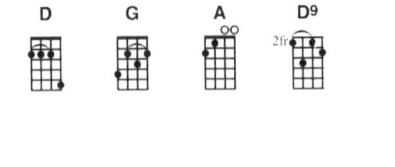

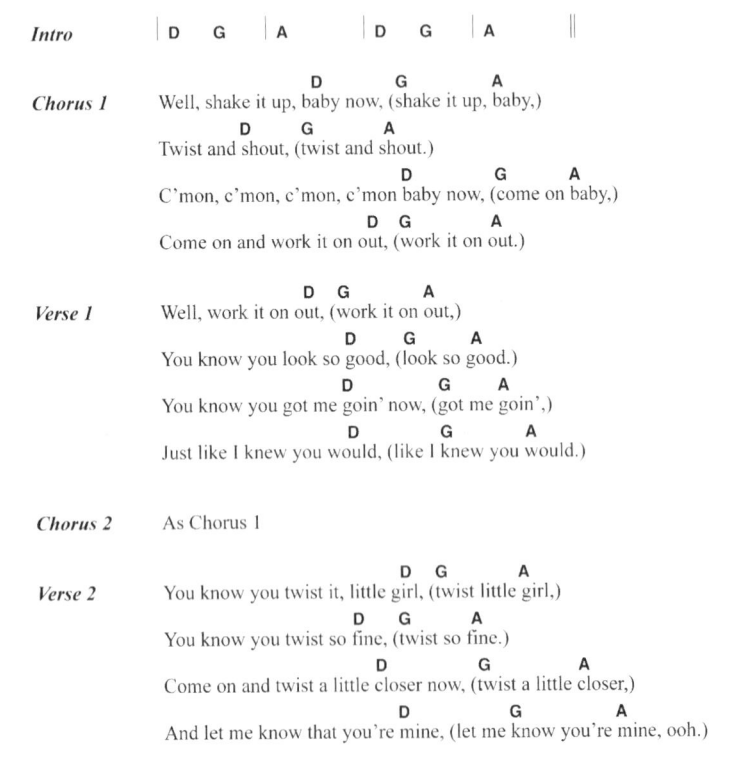

```
         D            G            A           D9
```

| *Intro* | D G | A | D G | A   ‖ |

| *Chorus 1* | Well, shake it up, baby now, (shake it up, baby,)
D G   A
Twist and shout, (twist and shout.)
                                D   G   A
C'mon, c'mon, c'mon, c'mon baby now, (come on baby,)
Come on and work it on out, (work it on out.) |

Chorus 1

          D G   A
Well, shake it up, baby now, (shake it up, baby,)
   D G   A
Twist and shout, (twist and shout.)
             D   G   A
C'mon, c'mon, c'mon, c'mon baby now, (come on baby,)
           D G   A
Come on and work it on out, (work it on out.)

Verse 1

        D G   A
Well, work it on out, (work it on out,)
         D G   A
You know you look so good, (look so good.)
           D   G   A
You know you got me goin' now, (got me goin',)
         D G   A
Just like I knew you would, (like I knew you would.)

Chorus 2   As Chorus 1

Verse 2

           D G   A
You know you twist it, little girl, (twist little girl,)
        D G   A
You know you twist so fine, (twist so fine.)
            D   G   A
Come on and twist a little closer now, (twist a little closer,)
          D   G   A
And let me know that you're mine, (let me know you're mine, ooh.)

© Copyright 1960 Sony/ATV Music Publishing.
All Rights Reserved. International Copyright Secured.

Middle | D   G | A   G | D   G | A   G |

| D   G | A   G | D   G | A |
(A)
Ah, ah, ah, ah.

Chorus 3
                D   **G**   **A**
Well, shake it up, baby now, (shake it up, baby,)
       D   **G**   **A**
Twist and shout, (twist and shout.)
                            D   **G**   **A**
C'mon, c'mon, c'mon, c'mon baby now, (come on baby,)
                    D G   **A**
Come on and work it on out, (work it on out.)

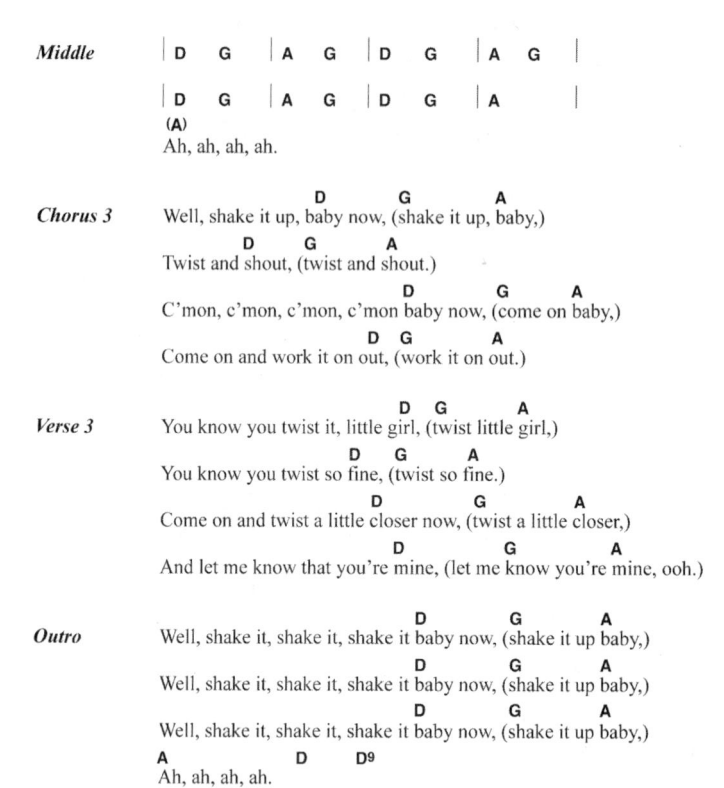

Verse 3
                       D G   **A**
You know you twist it, little girl, (twist little girl,)
                D   **G**   **A**
You know you twist so fine, (twist so fine.)
                           D   **G**   **A**
Come on and twist a little closer now, (twist a little closer,)
                           D   **G**   **A**
And let me know that you're mine, (let me know you're mine, ooh.)

Outro
                        D   **G**   **A**
Well, shake it, shake it, shake it baby now, (shake it up baby,)
                        D   **G**   **A**
Well, shake it, shake it, shake it baby now, (shake it up baby,)
                        D   **G**   **A**
Well, shake it, shake it, shake it baby now, (shake it up baby,)
A   **D**   **D9**
Ah, ah, ah, ah.

Walk Of Life

Words & Music by Mark Knopfler

E   A   B   F#m

Intro | (E) | (A) | (B) | (A) (B) |

|: E | A | B | A B :| *Play 4 times*

Verse 1
E
Here comes Johnny singing oldies, goldies

'Be-Bop-A-Lula', 'Baby What I Say',

Here comes Johnny singing 'I Got A Woman'

Down in the tunnels, trying to make it pay.

Pre-chorus 1
A
  He got the action, he got the motion
E
  Oh yeah, the boy can play.
A
  Dedication, devotion,
E
Turning all the night time into the day.

Chorus 1
      E   B
He do the song about the sweet-lovin' woman,
      E   A
He do the song about the knife,
       E   B   A   F#m
He do the walk, do the walk of life,
B
Yeah, he do the walk of (life.)

Link 1 | E | A | B | A B ||
      life.

© Copyright 1985 Straitjacket Songs Limited.
Universal Music Publishing Limited.
All Rights Reserved. International Copyright Secured.

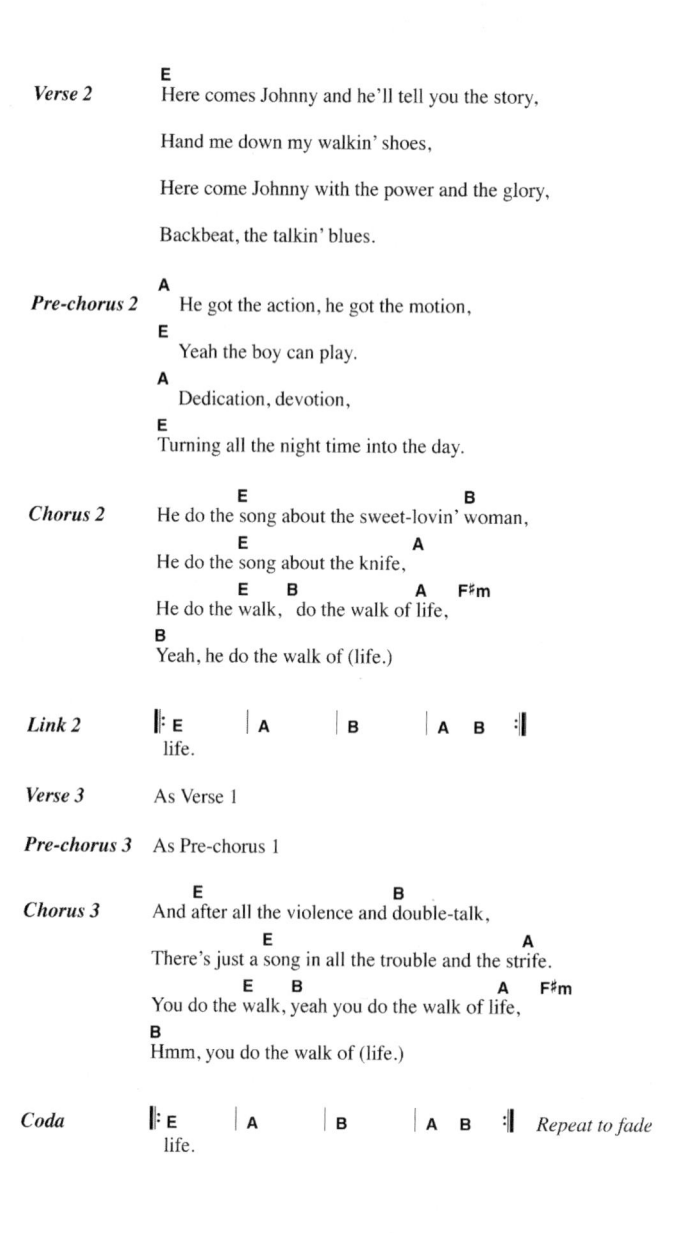

Verse 2
        E
Here comes Johnny and he'll tell you the story,

Hand me down my walkin' shoes,

Here come Johnny with the power and the glory,

Backbeat, the talkin' blues.

Pre-chorus 2
A
  He got the action, he got the motion,
E
  Yeah the boy can play.
A
  Dedication, devotion,
E
Turning all the night time into the day.

Chorus 2
        E   **B**
He do the song about the sweet-lovin' woman,
        E   **A**
He do the song about the knife,
        E   **B**   **A**   **F♯m**
He do the walk,   do the walk of life,
B
Yeah, he do the walk of (life.)

Link 2   ‖: **E** | **A** | **B** | **A** **B** :‖
                 life.

Verse 3   As Verse 1

Pre-chorus 3 As Pre-chorus 1

Chorus 3
             E   **B**
And after all the violence and double-talk,
                 E   **A**
There's just a song in all the trouble and the strife.
         E   **B**   **A**   **F♯m**
You do the walk, yeah you do the walk of life,
B
Hmm, you do the walk of (life.)

Coda   ‖: **E** | **A** | **B** | **A** **B** :‖   *Repeat to fade*
              life.

Waterloo Sunset

Words & Music by Ray Davies

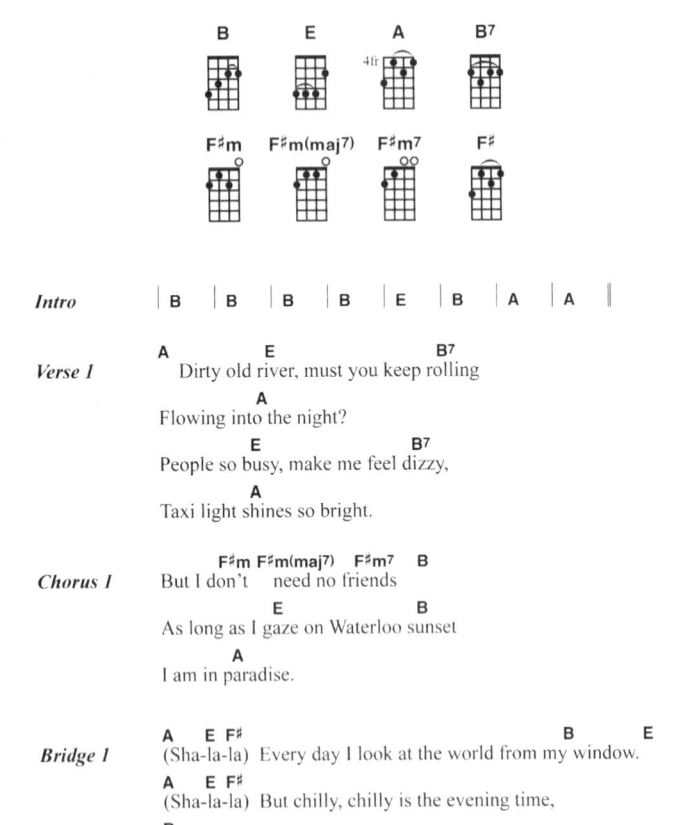

B E A B7

F#m F#m(maj7) F#m7 F#

Intro | B | B | B | B | E | B | A | A ||

Verse 1
A   E   B7
  Dirty old river, must you keep rolling
             A
Flowing into the night?
      E   B7
People so busy, make me feel dizzy,
            A
Taxi light shines so bright.

Chorus 1
        F#m F#m(maj7) F#m7 B
But I don't   need no friends
              E   B
As long as I gaze on Waterloo sunset
          A
I am in paradise.

Bridge 1
A   E F#   B   E
(Sha-la-la) Every day I look at the world from my window.
A   E F#
(Sha-la-la) But chilly, chilly is the evening time,
B
Waterloo sunset's fine, (Waterloo sunset's fine.)

© Copyright 1967 Davray Music Limited.
Carlin Music Corporation.
All Rights Reserved. International Copyright Secured.

Verse 2	**E** **B7**

Verse 2

        E   B7
Terry meets Julie, Waterloo Station,
     A
Every Friday night.
     E   B7
But I am so lazy, don't want to wander,
   A
I stay at home at night.

Chorus 2

     F♯m F♯m(maj7) F♯m7 B
But I don't   feel afraid
             E   B
As long as I gaze on Waterloo sunset
     A
I am in paradise.

Bridge 2   As Bridge 1

Verse 3

        E   B7   A
Millions of people swarming like flies 'round Waterloo Underground,
    E   B7
But Terry and Julie cross over the river
       A
Where they feel safe and sound.

Chorus 3

       F♯m F♯m(maj7)   F♯m7   B
And they don't   need no friends
               E   B
As long as they gaze on Waterloo sunset
   A
They are in paradise.

Link | E | B | A   ‖

Coda

‖: B7   :‖
   Waterloo sunset's fine.   *Repeat to fade*

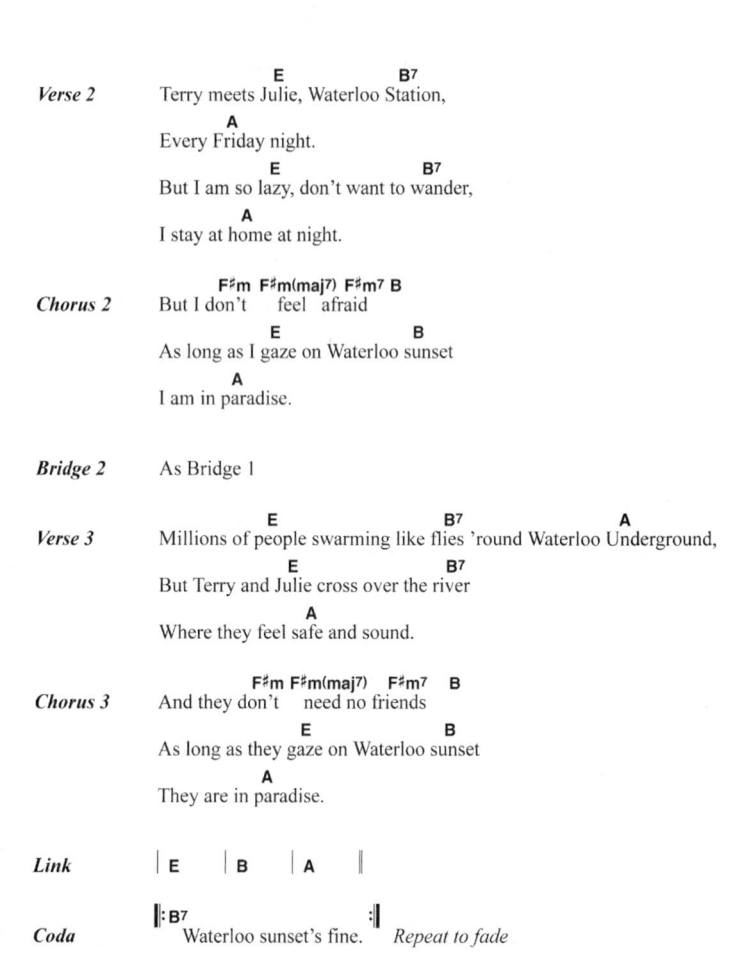

Wild Wood

Words & Music by Paul Weller

Bm   B7(sus2)   Em7   F#7(#5)

| Intro | | Bm | Bm | B7(sus2) | B7(sus2) |
| | | Em7 | F#7(#5) | Bm | Bm |

Verse 1
Bm   B7(sus2)
High tide, mid-afternoon,
Em7   F#7(#5)   Bm
People fly by in the traffic's boom.
                    B7(sus2)
Knowing just where you're blowing,
Em7   F#7(#5)   Bm
Getting to where you should be going.

Verse 2
            B7(sus2)
Don't let them get you down,
Em7   F#7(#5)   Bm
Making you feel   guilty about.
                  B7(sus2)
Golden rain will bring you riches,
Em7   F#7(#5) Bm
All the good things   you deserve now.

| Solo | | Bm | Bm | B7(sus2) | B7(sus2) |
| | | Em7 | F#7(#5) | Bm | Bm |

Verse 3
Bm   B7(sus2)
Climbing, forever trying,
Em7   F#7(#5) Bm
Find your way out of the wild, wild wood.
            B7(sus2)
Now there's no justice,
           Em7   F#7(#5)   Bm
You've only yourself that you can trust in.

© Copyright 1993 Stylist Music Limited.
Universal Music Publishing MGB Limited.
All Rights Reserved. International Copyright Secured.

Verse 4
      Bm   **B7(sus2)**
And I said, high tide mid-afternoon,
       Em7   **F♯7(♯5)** **Bm**
Woah, people fly by in the traffic's boom.
                     B7(sus2)
Knowing just where you're blowing,
Em7   **F♯7(♯5)**   **Bm**
Getting to where you should be going.

Solo | **Bm** | **Bm** | **B7(sus2)** | **B7(sus2)** |

        | **Em7** | **F♯7(♯5)** | **Bm** | **Bm** |

Verse 5
Bm   **B7(sus2)**
Day by day your world fades away,
Em7   **F♯7(♯5)** **Bm**
Waiting to feel all the dreams that say,
                  B7(sus2)
Golden rain will bring you riches,
Em7   **F♯7(♯5)** **Bm**
All the good things   you deserve now, and I say,

Verse 6
          B7(sus2)
Climbing, forever trying
         Em7   **F♯7(♯5)** **Bm**
You're gonna find your way out of the wild, wild wood.
          Em7   **F♯7(♯5)**
I said you're gonna find your way out
   Bm
Of the wild, wild wood.

Wild World

Words & Music by Cat Stevens

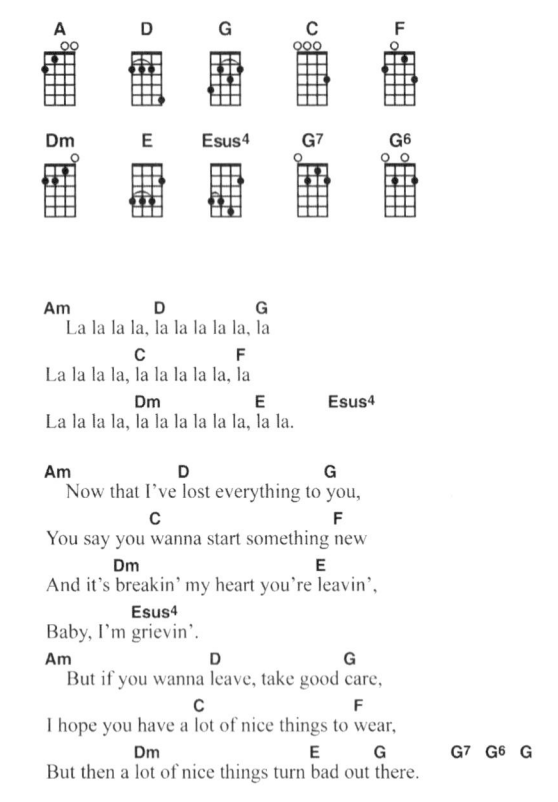

A　D　G　C　F

Dm　E　Esus⁴　G⁷　G⁶

Intro
    Am   **D**   **G**
    La la la la, la la la la la, la
     C   **F**
La la la la, la la la la la, la
     Dm   **E**   **Esus⁴**
La la la la, la la la la la, la la.

Verse 1
    Am   **D**   **G**
    Now that I've lost everything to you,
     C   **F**
You say you wanna start something new
     Dm   **E**
And it's breakin' my heart you're leavin',
    Esus⁴
Baby, I'm grievin'.
Am   **D**   **G**
  But if you wanna leave, take good care,
      C   **F**
I hope you have a lot of nice things to wear,
    Dm   **E**   **G** **G⁷** **G⁶** **G**
But then a lot of nice things turn bad out there.

Chorus 1
C **G**   **F**
  Oh, baby, baby, it's a wild world,
G   **F**   **C** **G**
 It's hard to get by just upon a smile.
C **G**   **F**
  Oh, baby, baby, it's a wild world,
G   **F**   **C**   **Dm** **E**
  I'll always remember you like a child, girl.

© Copyright 1970 Salafa Limited.
BMG Rights Management (UK) Limited.
All Rights Reserved. International Copyright Secured.

Verse 2
        Am   **D**   **G**
    You know I've seen a lot of what the world can do
          C   **F**
And it's breakin' my heart in two
         Dm   **E**
Because I never wanna see you a sad girl,
      Esus⁴
Don't be a bad girl.
Am   **D**   **G**
  But if you wanna leave, take good care,
              C   **F**
I hope you make a lot of nice friends out there,
        Dm   **E**   **G**   **G⁷** **G⁶** **G**
But just remember there's a lot of bad and beware.

Chorus 2   As Chorus 1

Solo | **Am** | **D** | **G** |
                C   **F**
La la la la, la la la la la, la
              Dm   **E**
La la la la, la la la la la la, la la.

Verse 3
      Esus⁴
Baby, I love you,
Am   **D**   **G**
  But if you wanna leave, take good care,
              C   **F**
I hope you make a lot of nice friends out there,
        Dm   **E**   **G**   **G⁷** **G⁶** **G**
But just remember there's a lot of bad and beware.

Chorus 3   As Chorus 1

Chorus 4
C   **G**   **F**
  Oh, baby, baby, it's a wild world,
G   **F**   **C**   **G**
  And it's hard to get by just upon a smile.
C   **G**   **F**   **N.C.**
  Oh, baby, baby, it's a wild world,
      G   **Dm**   **C**
And I'll always remember you like a child, girl.

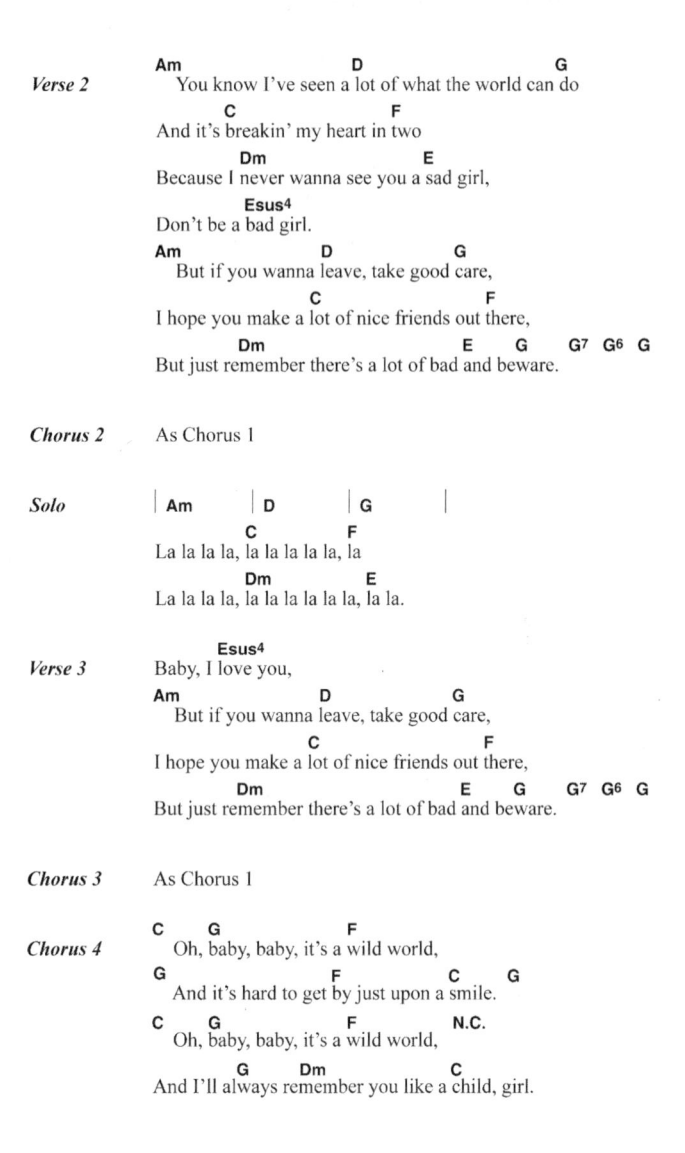

Yellow Submarine

Words & Music by John Lennon & Paul McCartney

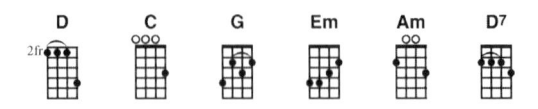

To match original recording tune ukulele down one semitone

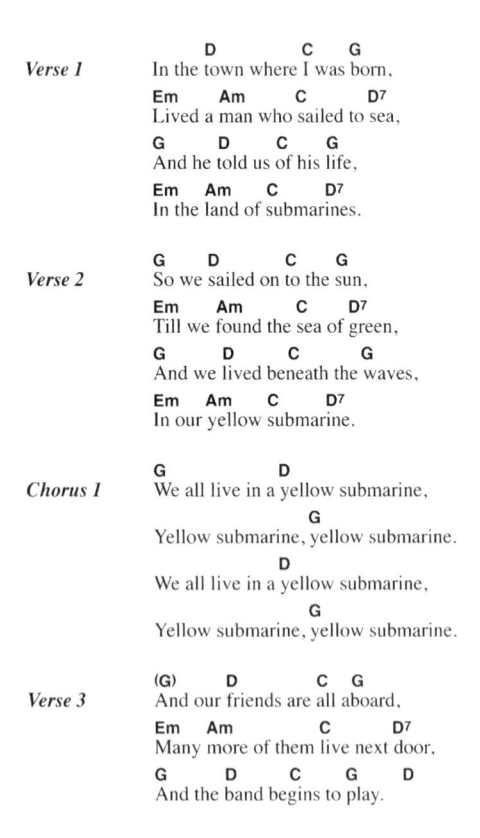

Verse 1
        D   **C**   **G**
In the town where I was born,
Em **Am**   **C**   **D7**
Lived a man who sailed to sea,
G   **D**   **C**   **G**
And he told us of his life,
Em **Am**   **C**   **D7**
In the land of submarines.

Verse 2
   G   **D**   **C**   **G**
So we sailed on to the sun,
Em **Am**   **C**   **D7**
Till we found the sea of green,
G   **D**   **C**   **G**
And we lived beneath the waves,
Em **Am**   **C**   **D7**
In our yellow submarine.

Chorus 1
          G   **D**
We all live in a yellow submarine,
                  G
Yellow submarine, yellow submarine.
             D
We all live in a yellow submarine,
                  G
Yellow submarine, yellow submarine.

Verse 3
  (G)   **D**   **C** **G**
And our friends are all aboard,
Em **Am**   **C**   **D7**
Many more of them live next door,
G   **D**   **C**   **G**   **D**
And the band begins to play.

© Copyright 1966 Sony/ATV Music Publishing.
All Rights Reserved. International Copyright Secured.

Link | G   G | D7   G ||

Chorus 2
        G   D
We all live in a yellow submarine,
                       G
Yellow submarine, yellow submarine.
            D
We all live in a yellow submarine,
                       G
Yellow submarine, yellow submarine.

Instrumental | D7   C | G   Em | Am   C | D7   G |
                 | D   C | G   Em | Am   C | D7   G ||

Verse 4
(G)   D7   C   G
As we live a life of ease,
Em   Am   C   D7
Every one of us has all we need,
G   D   C   G
Sky of blue and sea of green,
Em   Am   C   D7
In our yellow submarine.

Chorus 3
        G   D
We all live in a yellow submarine,
                       G
Yellow submarine, yellow submarine.
            D
|: We all live in a yellow submarine,
                       G
Yellow submarine, yellow submarine.   :| *Repeat to fade*

You're Gorgeous

Words & Music by Stephen Jones

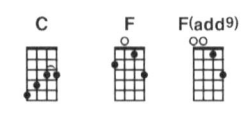

| C | F | F(add9) |

Intro | C | F | C | F add9 ||

Verse 1
```
          C                       F
Remember that tank top you bought me?
      C              F(add9)
   You wrote "you're gorgeous" on it,
  C                         F
   You took me to your rented motor car
  C                  F(add9)
   And filmed me on the bonnet.
```

Verse 2
```
       C                         F
    You got me to hitch my knees up
  C            F(add9)
   And pull my legs apart,
   C                    F
    You took an Instamatic camera,
  C                         F(add9)
   And pulled my sleeves around my heart.
```

Chorus 1
```
            C      F
Because you're gorgeous
     C           F(add9)
I'd do anything for you,
         C      F
Because you're gorgeous
     C            F(add9)
I know you'll get me through.
```

© Copyright 1996 Chrysalis Music Limited.
All Rights Reserved. International Copyright Secured.

Verse 3

     C   F
    You said my clothes were sexy,
C   F
  You tore away my shirt,
C   F
  You rubbed an ice cube on my chest,
C   F
Snapped me 'til it hurt.

Chorus 2

               C   F
Because you're gorgeous
    C   F(add9)
I'd do anything for you,
            C   F
Because you're gorgeous
  C   F(add9)
I know you'll get me through.

Instrumental ‖: C | F | C | F :‖ *Play 4 times*

Verse 4

C   F
  You said I wasn't cheap,
C   F(add9)
  You paid me twenty pounds,
C   F
  You promised to put me in a magazine
    C   F(add9)
On every table in every lounge.

Chorus 3

               C   F
‖: Because you're gorgeous
    C   F(add9)
I'd do anything for you,
            C   F
Because you're gorgeous
  C   F(add9)
I know you'll get me through. :‖ *Repeat to fade*
                                                    with vocal ad lib.

Ziggy Stardust

Words & Music by David Bowie

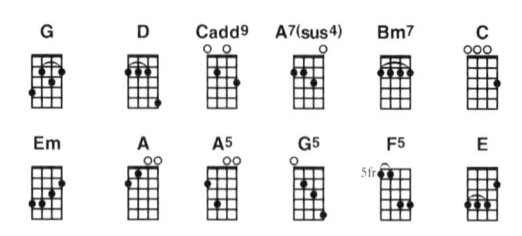

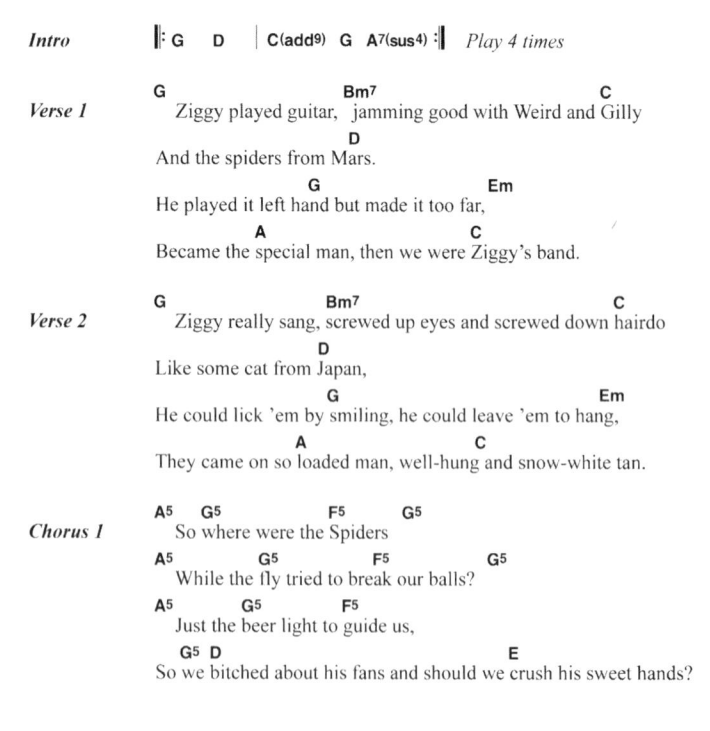

Chords: G, D, Cadd9, A7(sus4), Bm7, C, Em, A, A5, G5, F5, E

Intro ‖: G D | C(add9) G A7(sus4) :‖ *Play 4 times*

Verse 1
    G   Bm7   C
Ziggy played guitar, jamming good with Weird and Gilly
                      D
And the spiders from Mars.
              G   Em
He played it left hand but made it too far,
                A   C
Became the special man, then we were Ziggy's band.

Verse 2
    G   Bm7   C
Ziggy really sang, screwed up eyes and screwed down hairdo
            D
Like some cat from Japan,
           G   Em
He could lick 'em by smiling, he could leave 'em to hang,
               A   C
They came on so loaded man, well-hung and snow-white tan.

Chorus 1
A5   G5   F5   G5
So where were the Spiders
A5   G5   F5   G5
While the fly tried to break our balls?
A5   G5   F5
Just the beer light to guide us,
 G5 D   E
So we bitched about his fans and should we crush his sweet hands?

© Copyright 1972 Tintoretto Music/
RZO Music Ltd/
EMI Music Publishing Limited/
Chrysalis Music Limited.
All Rights Reserved. International Copyright Secured.

Link ‖: G   D | C(add9)   G   A7(sus4)   :‖

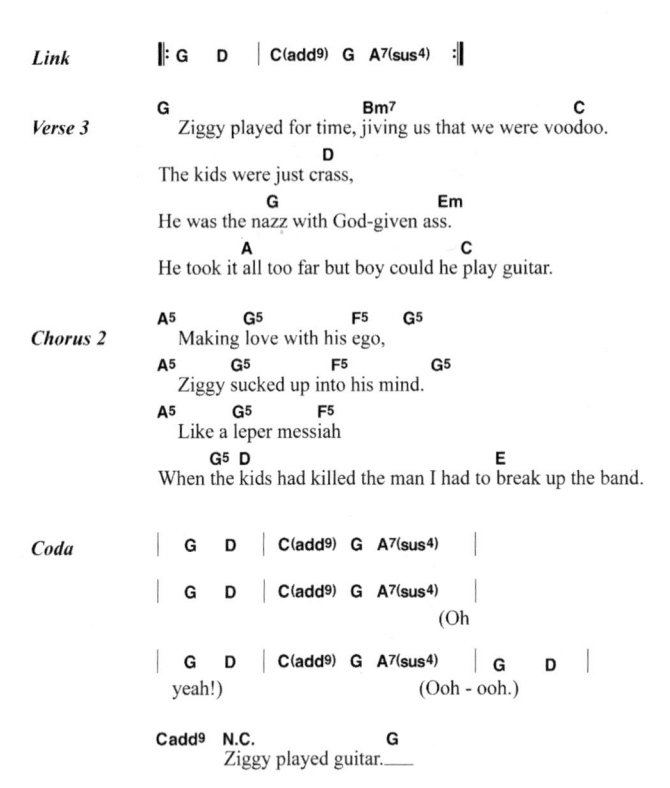

Verse 3
G   Bm7   C
    Ziggy played for time, jiving us that we were voodoo.
                    D
The kids were just crass,
          G   Em
He was the nazz with God-given ass.
          A   C
He took it all too far but boy could he play guitar.

Chorus 2
A5   G5   F5   G5
    Making love with his ego,
A5   G5   F5   G5
    Ziggy sucked up into his mind.
A5   G5   F5
   Like a leper messiah
          G5 D   E
When the kids had killed the man I had to break up the band.

Coda | G   D | C(add9)   G   A7(sus4) |

| G   D | C(add9)   G   A7(sus4) |
                                         (Oh

| G   D | C(add9)   G   A7(sus4) | G   D |
yeah!)   (Ooh - ooh.)

Cadd9   N.C.   G
        Ziggy played guitar.___

Where The Wild Roses Grow

Words & Music by Nick Cave

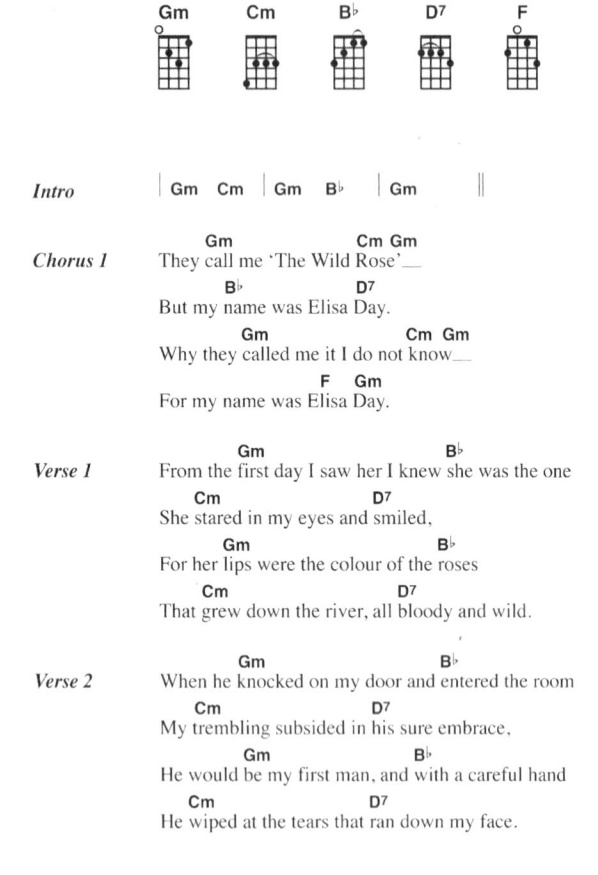

Gm Cm B♭ D7 F

| Intro | | Gm Cm | Gm B♭ | Gm | ‖ |

Chorus 1
    Gm   Cm Gm
They call me 'The Wild Rose'___
  B♭   D7
But my name was Elisa Day.
    Gm   Cm Gm
Why they called me it I do not know___
     F Gm
For my name was Elisa Day.

Verse 1
     Gm   B♭
From the first day I saw her I knew she was the one
  Cm   D7
She stared in my eyes and smiled,
    Gm   B♭
For her lips were the colour of the roses
  Cm   D7
That grew down the river, all bloody and wild.

Verse 2
    Gm   B♭
When he knocked on my door and entered the room
  Cm   D7
My trembling subsided in his sure embrace,
   Gm   B♭
He would be my first man, and with a careful hand
  Cm   D7
He wiped at the tears that ran down my face.

© Copyright 1995 Mute Song Ltd.
All Rights Reserved. International Copyright Secured.

Chorus 2

        Gm   **Cm Gm**
They call me 'The Wild Rose'___
    B♭   **D7**
But my name was Elisa Day.
      Gm   **Cm Gm**
Why they called me that I do not know___
        F   **Gm**
For my name was Elisa Day.

Verse 3

            Gm   **B♭**
On the second day I brought her a flower,
         Cm   **D7**
She was more beautiful than any woman I'd seen.
Gm   **B♭**
I said, "Do you know where the wild roses grow
Cm   **D7**
So sweet and scarlet and free?"

Verse 4

           Gm   **B♭**
On the second day he came with a single red rose,
        Cm   **D7**
He said, "Give me your loss and your sorrow?"
Gm   **B♭**
I nodded my head as I lay on the bed.
    Cm   **D7**
"If I show you the roses will you follow?"

Chorus 3

        Gm   **Cm Gm**
They call me 'The Wild Rose'___
    B♭   **D7**
But my name was Elisa Day.
      Gm   **Cm Gm**
Why they called me that I do not know___
        F   **Gm**
For my name was Elisa Day.

Verse 5

           Gm   **B♭**
On the third day he took me to the river,
    Cm   **D7**
He showed me the roses and we kissed.
       Gm   **B♭**
And the last thing I heard was a muttered word
    Cm   **D7**
As he knelt above me with a rock in his fist.

Verse 6
          Gm   **B♭**
On the last day I took her where the wild roses grow
     Cm   **D7**
She lay on the bank, the wind light as a thief.
       Gm   **B♭**
And I kissed her goodbye, said "All beauty must die"
      Cm   **D7**
And I lent down and planted a rose 'tween her teeth.

Chorus 4
     Gm   **Cm Gm**
They call me 'The Wild Rose'__
    B♭   **D7**
But my name was Elisa Day.
       Gm   **Cm Gm**
Why they called me it I do not know__
         F **Gm**
For my name was Elisa Day.

Coda
       F **Gm**
My name was Elisa Day,
        F **Gm**
For my name was Elisa Day.